U0871543

走近美国警察

高 扬 著

中国人民公安大学出版社
·北 京·

图书在版编目（CIP）数据

走近美国警察/高扬著．—北京：中国人民公安大学出版社，2017.9

ISBN 978-7-5653-2985-2

Ⅰ.①走… Ⅱ.①高… Ⅲ.①警察—工作—研究—美国 Ⅳ.①D771.235

中国版本图书馆 CIP 数据核字（2017）第 170766 号

走近美国警察

高 扬 著

出版发行：中国人民公安大学出版社
地　　址：北京市西城区木樨地南里
邮政编码：100038
经　　销：新华书店
印　　刷：天津嘉恒印务有限公司

版　　次：2017 年 9 月第 1 版
印　　次：2017 年 9 月第 1 次
印　　张：11.5
开　　本：787 毫米×1092 毫米　1/16
字　　数：194 千字

书　　号：ISBN 978-7-5653-2985-2
定　　价：42.00 元

网　　址：www.cppsup.com.cn　www.porclub.com.cn
电子邮箱：zbs@cppsup.com　zbs@cppsu.edu.cn

营销中心电话：010-83903254
读者服务部电话（门市）：010-83903257
警官读者俱乐部电话（网购、邮购）：010-83903253
公安图书分社电话：010-83905672

本社图书出现印装质量问题，由本社负责退换
版权所有　侵权必究

目录

第一章
美国警察的历史起源——色拉盘大熔炉

历史是最好的明镜，今天的现实就是明天的历史。要了解美国的执法体系，就必须了解美国警察的历史和起源，了解其在这个新大陆是如何产生和发展的。美国大熔炉的特殊性决定了其警务制度的独一无二性。今天，世界上大多数国家只有一种或几种执法机构，但在美国，却有成千上万的执法机构，也有成千上万的警局雇员。美国有自己独特的执法体系，研究美国警察不能绕过美国历史，更不能回避对美国警察历史的研究。

第一节　美国警察的起源

换句话说，认真学习研究历史，可以避免走弯路，也可以避免重复错误，尽量将代价减少到最小，但是单纯地复制或者模仿历史是不可取的。警务模式改革要在借鉴历史的基础上，勇于创新，方能找到更适合于今天的警务模式。

一、从私有警察到公共警察

早期的美国警务工作方法被称为亲属警务，沿用的是英国的执法模式，涉及的人员包括家庭、家族、部落等，按照部落或宗族的规则进行事务管理，每个家族成员都有义务和权利去执行家族规定，并对那些偏离家族规定的成员进行严厉处理。这种警务模式随着希腊城邦和罗马帝国的兴起而逐渐衰落，逐渐由私人警务模式向公共警务模式转变。希腊城邦和罗马帝国开始任命治安官来执行法律，当时，人们进行的秩序管理工作是无偿的、义务的，这种情况在公元前3世纪的罗马和公元前6世纪的希腊依然存在。

（一）有偿职位的产生和夜间值班制度

第一个有偿的执法官员的职位起源于公元前27年的罗马。到公元6世纪，罗马有大量人员进行日夜轮流巡逻，直至罗马帝国的沦陷。他们的主要工作是为君主服务，这种情况在当时的整个欧洲非常普遍。执法体系的重要组成部分就是国王的军队，也包括所谓的夜间巡逻队，或者部分市民提供的义务巡逻服务。这些夜间巡逻的值班人员也被赋予了调查犯罪和执行逮捕的权力。夜间值班制度逐渐演变为十户联保制度，并且在12世纪逐渐成熟和完善起来。十户联保制度，就是十户人家组成一个行政区域，交什一税，这个行政区域内的每位成年男性都有责任和义务承担夜间值班的制度。

十个十户联保就被称为一百，或教区，几个教区最终被称为夏尔，类似于现在的县郡。“夏尔”这个词来自古英语“郡长”，称“夏尔的门将”。郡主由诺尔曼国王赋予权力，可以向罪犯征收罚款，也可以对未能捕获罪犯的治安小组进行罚款。

在英国，《威斯敏斯特第2条例》（1285年）要求每一个教区任命两名治安官，治安官的职责是维护教区的军力和协助治安执法。条例要求15岁以上的男性才能参加治安队，参与犯罪调查和追捕危险的罪犯。从13世纪开始，由国王任命大法官，称为和平大法官，他们的主要责任是审理罪犯，与现代法官有所不同。

（二）18世纪中叶，警务模式里程碑意义的转变

与现代警务模式不同，美国早期的警务模式大多是以志愿者的形式，即便是付费也不同于现代警察，是一种不固定的职业，在当时，大部分执法工作很大程度上仍然属于私人性质的，因为根本没有足够多的公共官员来承担此项工作。就治安官来说，可以以国王的名义来征集一部分钱，用于治安管理工作，这是美国从私人警务模式向公共警务模式转变的一个标志。1735年，当两个伦敦教区的治安官员约翰和亨利·菲尔丁，给晚间街道巡逻的治安官员支付来自政府税收的薪水时，标志着警务工作成为政府的职能部门，这是具有里程碑意义的转变性的进步。

这些治安官员通常骑马或者徒步在辖区内进行巡逻，同时也会扮演侦探的角色，所以被称为最早意义上的探员小队。从1800年开始，泰晤士河的警察薪水由公共财政支付。虽然警察职业化进程在不断加速，但服务于私人的

警察部队并没有消失。在大城市伦敦周边的农村地区，许多探员小队仍然是由教堂、社区、教区、政府等各个机构的人员组成。除了英国之外，其他国家也开始逐渐形成公共警察机构，如法国、普鲁士（德国）、俄罗斯、中国和印度都逐渐从私人警务模式向公共警务模式转变。

二、警务模式来到美国

电影《海上钢琴师》里面有一个场景描述的就是到北美的移民在到达这片大陆看到自由女神时，不由自主地激动和欢呼，自由女神就是美国的标志，也是无数来美国寻找新生活的人的一个人生航标。

（一）将法律法规装进行李箱一同带入美国

第一批到北美的移民沿着东海岸定居，他们来自世界各地，包括西班牙、法国、荷兰、瑞典，当然还有英格兰。1607 年，这些人中有一部分人首先到达了今天美国的维吉尼亚州的詹姆士镇；瑞典和西班牙的移民选择了今天美国的马萨诸塞州的纽约城，这些西班牙移民声称现在的美国南部和加勒比海地区是他们的土地。几乎所有的移民都想不断扩张他们占有和居住的范围，但对于那些欧洲移民来说，北美距离欧洲大陆太远，这样做太困难了，而且欧洲移民中很大一部分是说英语和法语的，而当时的美洲大陆，西班牙语是主要语言。随着移民的增多，美洲的各种文化、语言、习俗也随之丰富和绚烂起来，各种文化在一起融合、交织、碰撞，美国就像一个巨大的熔炉，开放、包容、拥抱所有的移民，并接受这些移民带来的文化和风俗，当然，也包括他们带来的警务模式和司法制度。

随着越来越多的移民搬到新的大陆，他们也将他们国度的文化、法律制度一同装进了行李箱。例如，英格兰的移民带来了英国的刑事司法准则、执法机构，以及惩罚条例，将英国的习惯和固有的方式应用于北美新大陆组建的社区里。

（二）教会是美国早期司法体系的先导

在美国，早期阶段由教堂负责对犯罪人员进行管控和实施惩罚，并不是正规意义上的刑事司法系统，而教会使用的惩罚和裁决方式并不被大多数人接受。根据历史学家的描述，“教会充当了警察和法院的第一招”。美国早期的教堂是今天法院和警察的原型和先导，当时虽然没有正式的刑事司法体系，但教会积极参与犯罪控制和惩罚，承担了这一职责，但是教会使用的方式方法超出了人们可接受的范围，显得有些极端，他们对犯人的惩罚也大多在公共场所进行。

图 1-1　美国第一辆警察巡逻车

教会的人们会在公共场所对犯人用木棍、树枝等刑具进行鞭打，甚至公开实施绞刑，常常会有上百人围观这些严酷的刑罚，目的是让每一个人深深地记住犯罪带来的严重后果。

（三）混乱时代的美国

19 世纪初期，美国作为新大陆是很混乱的，各地移民先后涌入北美各个城市定居。随着城市人口不断激增，城市环境越来越混乱、各种不安全因素增多、生活条件脏乱差。从 1850 年到 1880 年，纽约市两平方英里大小的核心区域内，激增了近 100 万人口，在纽约市东边区域，近 30 万人在缺少厕所、没有供暖、没有防火设施，更没有生活必需品的环境中生活，人们的失业率激增，霍乱爆发，疾病肆虐，数千人死亡。

到 19 世纪中期，美国很多城市的各种犯罪行为多发，因为贫穷和饥饿，很多人已经开始依靠偷窃和抢劫为生，并逐渐形成一些有组织的犯罪团伙，这些犯罪团伙占据片区，成为当地的地头蛇，导致很多城市发生暴力事件和治安混乱。1850 年的纽约已经成为美国最可怕、最不安全的城市。除了纽约，其他大城市如波士顿、芝加哥和费城情况也很不好。当时控制犯罪的任务主要依靠部分治安官和公民志愿者，治安官负责白天巡逻管控，公民志愿者负责夜间巡逻。

图 1-2　1902 年的巴尔地摩警察局

（四）1844 年美国第一个警察局建立

随着城市的不断扩张，危险度也随之增加，这种治安官和公民志愿者联合执法的方式已经无法确保城市的和平与安宁，直到 1844 年，美国第一个警察局——大都会警察局成立于纽约市。纽约市早期的警务工作模式来源于英国伦敦警察厅，共有 16 名警员，都是由市长任命。直到 1845 年，纽约市的威廉·哈弗梅耶市长将警察局人数扩充到 800 人，并成立了三个分局。

同一时期，美国开始建设警务站点和地方法院，并逐渐取消了夜间巡逻队。12 年后，也就是 1857 年，纽约市的曼哈顿、布鲁克林、斯塔滕岛、布朗克斯等地区分散的警察巡逻队被合并成一个部门，成立了统一的委员会，也就是今天的纽约警察局。在整合成纽约警察局之前，共有 18 个独立的警队分散在今天纽约市的范围。这种独立分散的警察管理方式虽然有较好的装备，但是缺乏统一的调度和有效的沟通协调。

美国的其他城市也纷纷效仿纽约，开始成立警察局，主要用来对抗与日俱增的暴乱、斗争和骚乱。大多数移民认为美国的这种执法方式并不实际，应该向伦敦大都会警察一样，用高频率的上街巡逻来震慑犯罪分子。相比较于伦敦，纽约市的警务模式主要有两个特点：第一，与伦敦大都会的警察不同，美国警察开始积极参与美国政治，并且大多数的警察都服务于地方政府官员，而且他们也依赖于政治。第二，不像伦敦警察，美国警察更愿意使用武力。美国警察这两个特点也一直延续到今天。

（五）州际警察机构的成立

在美国，除了夏威夷州，每一个州都有自己独立的州际警察机构。美国的第一个州际警察机构出现在得克萨斯州。最初是有名的得州牛仔骑兵，他们组成了自己的执法机构，但并不是州际组织执法机构，仅仅是为了维护当地的社会安全。他们有自己的法律，将权力掌握在自己手中，按照今天的标准来看，算不上公平正义。直至1936年，得克萨斯州（以下简称得州）宣布独立，不再是墨西哥的殖民地，得州建立自己的公共安全厅（Department of Public Safety，DPS），一直到今天，得州的游骑兵也是DPS的一部分，隶属于巡逻警察。得州独有的游骑兵受州际警察局监管，也存在不少问题，如过度使用武力等，正如我们在很多好莱坞大片中常常看到的西部牛仔的场景。在美国好莱坞曾有一个长期节目就是得州骑警，节目中概述了得州骑警的责任和工作等。之后，其他州也纷纷开始建立自己的州际警察机构，都各自有自己的形式。

图1-3 得州游骑兵

宾夕法尼亚州西部矿业地区吸引了大量移民，也滋生了种族暴力和劳资纠纷。1902年，一个大型煤矿罢工，这促使了西奥多·罗斯福总统任命一个专门的委员会来调查矿业地区罢工问题，并维持秩序，还有国民护卫队和军队力量的参与。这场罢工导致了宾夕法尼亚州的州际警察局的成立。与得州相同，宾夕法尼亚州警察承担的执法责任越来越大，越来越具有专业水准。例如，1905年成立的宾夕法尼亚州警察局主要职责是针对各地的具体情况来解决问题。

在美国，随着汽车越来越普及和高速路网的建成，州际警察机构的执法重点逐渐转向高速公路的交通安全管理，虽然也承担着一般执法责任，但主要是针对涉及交通案件的执法工作，几乎每个州都有州际警察机构，工作的重点范围也是州际高速公路。

（六）警务模式的地域特色化

北美作为新大陆，大量移民一直源源不断地涌入。这些移民来自全球不同国家，因此选择居住生活的城市也不同。由于各种不同的文化背景和文化习俗，带来的警务模式也不同，就像人们说的，不同的警务模式被不同的移民装进行李箱带进了美国。例如，美国南部奴隶巡逻制度，这是美国南部地区早期存在的特殊情况，也是美国南北战争的产物。缉拿奴隶巡逻代表了一种原始的警务模式，起始于18世纪，主要任务是缉拿逃跑的奴隶，并确保奴隶不会集会反对他们的主人。奴隶巡逻在很大程度上是一个公民志愿者的行为，正因为是自愿的，也就缺少了对奴隶巡逻行动的控制。他们可以对逃跑的奴隶任意使用暴力，也可以随意闯入白人或者奴隶主家里去搜捕奴隶，却没有正当的法律依据和程序，因而造成了很多不安全因素和隐患。

当美国开拓者向西部移动时，他们并没有摆脱东部大城市的遗留问题。事实上，这些开拓者为了寻求自我保护，还存在很多暴力心态和行为。他们持有枪支和刀具，刚开始是为了维护自己的领地，因为当时的治安官允许开拓者持有武器，并可以在移民地使用。尽管如此，治安官的处境仍然十分尴尬，因为他们并不受这些移民尊重，多次成为不法分子的攻击目标，时常处于危险境地。因此，这些治安官经常游离于法律的边缘，徘徊选择，看哪一方能提供更多的好处，哪一边会让自己获利更多。随着新移民的不断增多，西部的警务模式不可避免地走上了东海岸的模式。

第二节　美国警察的时代变迁

美国警察随着美国经济和政治的发展而不断变化，警务制度的改革也随着时代的需要而不断创新变革，目的是为了更好地服务于美国。

1840年至1930年，这一百年是美国警察的政治时代。在这个时代中，警察和当地政治官员之间被各种利益紧紧地捆绑在一起，警察的组织形式也是准军事化的风格，专注效力于政治当权者，维护社会秩序和安全。1880年，芝加哥警察局的巡逻人员仅在三英里范围内的街区步行巡逻，而大部分城市都存在警力不足、缺少巡逻人员的问题，市民居住的社区更是被忽视。除此以外，缺乏及时有效的沟通和交流，使很多执政官在案发现场都不能及时叫来处理案件的警察。

在警察的政治时代，警察体系普遍存在严重的贪污腐败现象。警察与政治紧密联系在一起，他们为有影响力的团体提供服务和保护，包括赌博、卖淫和非法酒品交易等。警察逮捕了犯罪嫌疑人，诱导其承认罪行，因为这样警察可以获得巨额利益，检察官也会鼓励犯罪嫌疑人承认罪行，从而获得财务奖励。政治时代的美国南部，警察参与缉拿奴隶巡逻行动，甚至在南北内战结束后，南部的警察一直执行着被称为“黑色法律”的行动，主要是控制被释放的黑人男子和妇女，黑色法律是当时南部的法律。那个时期，警察有着非常广泛的自由裁量权。政治时代之后，随之而来的就是警察职业化时代。

1930 年至 1970 年是美国警察的职业化时代，警察侧重于打击犯罪分子和势力，他们从自身的职业中不断获得职业荣誉感。公民呼吁警务改革，要求警察队伍脱离政治的控制，而且警察机构也在努力寻找自身定位和塑造警察的职业形象，他们相当重视专业精神。比如，警察局开始研究笔迹分析，采用摩托车巡逻，探索指纹识别技术等。当时，警察沃尔默撰写的《沃尔默报告》很有影响力。沃尔默是警察局招募到的第一个大学毕业生，还在加州大学伯克利分校讲授警察课程，沃尔默所倡导的警务制度改革在相当一段时期内影响了很多人，他提倡进行警察招聘制度改革并呼吁执法体系脱离政治系统。他的追随者威尔逊是美国警察历史上第一个获得加州大学博士学位的人。威尔逊延续了沃尔默的思想，继续实施和倡导警察职业化和专业化的招聘体系，并进行脱离政治控制的改革。

图 1-4 警察职业化的现象——全副武装的警察

1970年至2001年美国进入了社区警务时代，警察的职责是服务所在社区，并和社区居民形成有效合作，保护他们的安全和生活质量，如有效预防犯罪，防止住户被破窗盗窃等。社区警务时代的警员不仅和犯罪分子进行斗争，而且开始承担多种角色，如社会辅导员、社会工作者等。有人说，社区警务时代的出现，是因为职业时代的警务理想并未实现。警察从政治化到职业化的转变，不仅仅需要一个过程，还牵扯很多人，因为警察服务社区，同样也需要社区民众的支持，更需要解决社区存在的问题，保护社区的安全。在各种需求的呼唤下，迫切需要有公众参与的警察机构提供有效的社区服务，预防打击犯罪。

2001年至今，美国警察进入了以反恐为主导的警务时代，警察的主要工作和职能是确保国土安全，预防恐怖主义打击，建立以情报为主导的警务模式，并通过与社区有效的沟通和合作，收集恐怖组织信息。这是2001年“9·11”恐怖袭击事件给美国留下的后遗症。该事件发生后，美国自上而下成立了不同级别的反恐情报中心，强调以社区为单元，依靠全体美国民众，协力对抗恐怖主义对美国人民的威胁。

第三节　当代美国警察——分散的警察体系

强化警队力量在早期的美国历史中是非常有必要的，单纯的警队巡逻方式无法满足人口激增的需求，尤其是人口密度较大的大城市，不能只依靠个别警力或者治安官进行巡逻检查。不同于其他国家警务发展的历史，美国奉行反对中央集权的警察管理模式，执法工作由地方政府管理，主要解决地方性事件和治安问题，这就形成了今天美国高度分散去中心化的执法体系。虽然有段时期曾呼吁统一的执法管理体系，但是否能够真正地在美国实现，却遭到了大多数人的质疑，因为这些大大小小的执法体系都是依托社区而存在的。

当代的美国警察体系主要有联邦、州和市县警察三级。联邦和州的警察分别行使联邦和州赋予的权力。州以下各种警察的权限由各州决定，除联邦警察外，州警察、城市警察和县警察及私人保安与联邦政府没有垂直的上下级关系，而直接由地方政府领导。

美国警察中单联邦警察就超过80种，各个州都有自己的州警察（除夏威夷外），各个地方政府（包括县、市、镇、村）也都有自己的警察体系。这些警察系统都是互不隶属、相互独立的，穿着的制服当然也都不一样。比如，州警察只对州政府负责，并不归联邦警察领导；市警察只对市政府负责，并不归联邦警察或州警察领导，当然业务上他们还是互相配合的。

据2006年的统计数据显示，“全美有18000多个警察执法机构，3088个县警察部门，13578个市警察机构，49个州警察机构（除夏威夷外），50个联邦执法机构，1626个特殊警察部门（管辖权限如公园、交通、机场、校园警察局等）。美国共有警察92万人，平均每10名警察服务100平方公里的土地。其中，66万名正规警察，26万余名文职人员，从警察局的人数和规模来看，大多数警察部门平均不超过100人，有800多个警察部门仅有1名至2名正规警察，只有38个警察部门人数超过1000人。”

美国的警察根据隶属关系可分为联邦警察、州警察和地方警察，其中联邦警察主要隶属于两大部门：司法部和国土安全部。警察在英文中用不同的词来表示，除了police（警察，口语中称为cop），还有agent（探员，一般用于司法部警察，尤其是联邦调查局），inspector（检察官，一般用于国土安全部警察），detective（侦探），patrol（巡警），sheriff（县治安官），marshal（司法部法警）。

第二章

美国警察文化的根基——职业操守和职业荣誉感

警察职业操守是美国警察文化的根基，是警察的可信任度、执法能力和职业化程度的标尺。树立职业操守是美国警察预防式反腐的重要手段，主要是从源头上加强廉政建设，从警员招录雇用、教育培训、早期干预、内务控制、外部监督和职业荣誉感的建设等多个环节入手，环环紧扣、内外兼治来加强职业操守建设，以达成预防腐败的目的。职业操守和职业荣誉感是一个无形的契约，不成文的规定，甚至比法律和制度更有约束力。树立职业荣誉感，提高职业道德水平，是警察的可信任度、执法能力和职业化程度的标尺，是职业发展的需要，是赢得社区信任的基石，也是预防警察腐败的重要手段之一。

腐败和职业操守密切相关。根据美国司法部的定义："腐败就是利用职务权力来获得个人利益，而职业操守就是对职务权力滥用的内在抵御能力。"职业操守代表着专业、敬业，具有职业荣誉感、自豪感，能自我约束，对腐败行为产生一种不屑、不耻和抵制。职业操守是美国警察文化的根基，是美国警察预防式反腐的有效措施和核心手段。正如纽约警察局局长派翠克·莫菲（Patrick V. Murphy）所说"职业操守建设是美国警务改革的核心任务"。

以职业操守为主导的警务改革在美国经历了一段漫长的发展过程。20 世纪 60 年代末期，美国执法部门应民众要求开始设法提高警察职业操守。1967 年，司法部要求提高警察教育培训水平和职业操守水准。1977 年，佛罗里达州立法机关重新制定了警察执法标准和职业操守要求。1979 年，美国执法机构鉴定委员会（Commission on Accreditation for Law Enforcement Agencies）制定了警察执法的国家标准：无论是在美国的哪一个州，执法部门都要视道德品质和职业操守为评估警员的重要因素和标准。1996 年，社区警务办公室和国家司法研究所在华盛顿举行了全国性的关于警察职业操守问题的研讨会，参会人员涵盖执法警员、警务研究专家、社区代表和警务观察员，针对如何提高警察职业操守展开了讨论。研讨会让警察职业操守问题得到各界的关注与重视，对警察职业操守建设具有里程碑式的意义。1999 年，美国总检察长召开二次会议，邀请警察部门领导、工会代表、学术专家和社区代表参加，他们认为，要树立良好的警察形象，关键要提高警察职业操守，增强警察责任感，减少违法行为。通过此次会议及后续会议的研究讨论，将提高警察职业操守确立为美国警务改革的方向，开始了一场具有深刻意义的警务实践。

警察职业操守是美国警察文化的根基，是警察的可信任度、执法能力和职业化程度的标尺 。它的重要性表现在以下五个方面：（1）警察职业操守是警察职业生存的需要，执法部门不能容忍警员缺乏职业道德。（2）警察职业操守是警察职业发展的前提，在美国有职业道德问题的警员很难得到提升。（3）警察职业操守是媒体关注和报道的重点。（4）警察职业操守是警察部门赢得社区信任的基石，脱离了社区的信任，执法工作无法顺利开展。（5）警察职业操守是美国警察文化的核心内容，是警察职业荣誉感的来源。

美国现有的反腐措施可以归结为两大类：惩罚性措施和预防性措施。惩罚性措施是基于“恐吓”和“坏苹果”理论，提升对腐败行为的检查力度和惩罚强度，对警员产生恐吓作用，遏制腐败行为产生。美国警学界认为，腐败是由特定的文化背景、组织结构或体制问题滋养造成的，若仅仅是打击处理个别腐败分子或不良行为，只是解决表面问题，并不能彻底根治，只有采取预防性措施，彻底转变警员的道德观念和价值观，树立和增强警察队伍的职业操守和职业荣誉感，才能使他们对腐败产生自发的抵御能力、自我检查能力、刚性的自我约束能力和强大的内部监督能力。

第一节　严格招募制度确保警察职业操守

美国招募新警员要进行全面严格的筛选检查，在源头上确保每位警员具备良好的品质。新警招募通常遵循以下十一项招募环节：第一项应聘者初步筛选；第二项就职预备课程（第一期）①；第三项体能测试；第四项笔试；第五项入职要求筛选；第六项背景调查；第七项行为心理分析测试；第八项招聘委员会评审；第九项第二期入职预备课程；第十项理论预备课程培训和考核；第十一项警察学院培训并参加结业考试。申请人从警察学院顺利毕业后才能入职。

其中，警察部门对第六项背景调查和第七项行为心理分析测试非常重视。背景调查的目的是希望从申请人过去的学习、工作、生活、财务、社交等档案记录中发现他是否存在职业操守的问题，是否有性格、道德和心理欠缺，是否会对将来的警察工作带来潜在威胁。笔者通过对纽约市、新泽西州、佛罗里达州和加利福尼亚州警察局招募新警员的《背景调查程序和方案》进行比对分析，总结了四个警察局新警员背景调查的主要内容（见表2-1）。这项背景调查适用于普通警察，也适用于新任的部门领导。

表2-1　美国纽约市、新泽西州、佛罗里达州和加利福尼亚州警察局背景调查的主要内容

背景调查项目	内容描述
个人信息	包括出生证明、公民和入籍证明、选举登记和婚姻家庭经历；身体文身记录。 申请人需要提供推荐信，要有推荐人访谈。
配偶、子女和亲友访谈	审查其子女抚养和收养情况；通过和申请人的配偶、子女、亲友进行访谈，深入了解其生活习惯和性格特征，也包括其药物和毒品使用历史。
居住历史	审查过去和现在的住所情况，与房东、室友和邻居进行访谈。
学习记录	审查高中及以后学习情况，包括大学和研究生期间的学业成绩、出勤记录、课外活动和奖惩记录；也包括参加的各种职业培训记录。
工作历史	审查过去10年的工作、任职和奖惩记录；与现在和过去的雇主进行访谈，了解其职业操守和个人品德。

① 就职前预备课程（Pre-Employment Preparation Program，PEPP），可以让申请人对警察职业、入职考试内容和筛选标准有一个详细的了解。这种课程是自愿参加的，不纳入评选。

续表

背景调查项目	内容描述
个人收入	审查申请人收入来源、纳税记录、银行账户、信用记录、股票股份收入、遗产继承、投资历史和有利益关系的商业机构，申报其个人财产情况。
社交关系	审查申请人参加的俱乐部、兴趣团体和社会组织。
犯罪记录	审查申请人的举报和犯罪记录，包括官方的调查记录。
驾驶记录	审查申请人驾驶记录，包括罚单、传票、出庭和保险方面的记录。
军队和社会服务	审查申请人在军队和政府部门任职和表现记录，了解其健康历史、职业操守、忠诚爱国等情况。

此外，美国在新警员的背景调查中设有测谎流程，以验证申请人提供的信息的准确性，一旦发现存在有掩盖或有悖于职业操守的问题，立即终止申请人的资格，以确保每位新进警员品质诚实优良。表2-2列出了背景调查中职业操守缺失问题的具体行为表现。如果在背景调查过程中发现这些职业操守问题，就立即中断招聘流程，拒绝申请人的申请。从以下例子我们可以看出，美国警察部门在警员招聘过程中严把职业操守这一关。

表2-2 背景调查过程中发现的职业操守问题

职业操守缺失	问题行为表现
不端和腐败行为	如果在之前的任职中发现有不端和腐败行为并遭到举报、解雇或驱逐。
诚实问题	如果在申请和背景调查过程中发现申请人有意隐瞒事实、修改证据、和误导调查人员的行为；在学习和工作中有欺骗、剽窃行为；有做假证、税务欺诈行为。
可靠性问题	在没有预先批准的情况下错过两次预约；被前任雇主驱逐；有两次以上破产；信用记录不良；泄漏保密信息；多次违规驾车，不顾他人生命危险飙车；对行动和后果不敢于承担责任；面对指责过于自身保护；逃避经济责任。
人际关系问题	因为种族偏见或者性骚扰问题被解雇；发现存在种族、性别、宗教等方面的偏见；面对问题时反应过度、行为失控、打架斗殴；有嫖妓卖淫行为。
判断力问题	没有及时举报同行的违法和腐败行为；在过去10年中使用过毒品。

第二节 通过教育培训提升警察职业操守

在美国，从新警到在职警员，警察局内自上而下全体警员在各个级别、各个阶段都要接受教育培训。全美范围内的警察局领导都坚信，除了警务技能培训外，道德品质和伦理决策培训也非常重要，而且应贯穿整个警察职业生涯，形成一种常态，直至退休。美国警察学院以及警察局在职业操守培训中常采取案例式教学，即模拟警员在执法过程中遇到的违背职业操守的具体案例（见表 2-3），引导学员进行深入讨论，面对决策两难的局面怎样提出有效的解决方案。这种培训课程能帮助学员逐步树立职业操守，提高思维、决策和行动能力。

表 2-3 职业操守培训中涉及警察职业操守问题的具体案例

案例一	如果市长要求我们多开罚单来增加财政收入怎么办？
案例二	什么时候可以逮捕一个触犯法律的警察，而不是给一个简单的警告？
案例三	我们为什么不可以接受餐馆的优惠午餐？
案例四	我们在工作期间可以去超市顺便买东西吗？
案例五	如一个已经下班的警察超速怎么办，要不要对他开罚单？
案例六	如果我发现了同事的不端和腐败行为该怎么办？
案例七	我们在执法过程中需要考虑对方的具体情况和实际困难吗？还是对所有人一视同仁？
案例八	如果自己的朋友违规犯法被自己抓住该怎么处理？
案例九	我们可以对一些犯罪行为视而不见吗？
案例十	如果部门领导发现下属过度使用武力或者侵犯他人的权利，但是对方没有投诉，部门领导该怎么做？
案例十一	部门领导可以对一些犯罪案例保密以免引起公众恐慌吗？

在职业操守培训过程中，培训人员需要引导、教育和培养学员在实际执法案例中如何灵活准确运用科恩（Cohen）和费德伯格（Feldberg）提出的五个基本原则来指导自己的思维、决策和行动：（1）平等权利原则。公众拥有平等得到

警察保护的权利，警察也有为每一个人提供平等服务的义务。（2）公众信任原则。基于所谓的社会合同理论，公众赋予警察权力来代表他们执法，他们完全信任警察会正当地使用权力，在完成任务的同时使损失最小化，并保护公众的最大利益。他们信任警察的决策和行动是为了公众的利益，而非私人的好处。（3）安全和保险原则。警察必须在安全和保险的框架下采取执法行动。（4）团队合作原则。警察的行为必须体现团队合作的精神，包括协同、沟通和合作。警察需要清楚地知道他们在政府、执法系统、所在部门中所扮演的角色，不要轻易超越权限行使权力。（5）客观公正原则。警察在执法过程中必须做到公正客观。警察职业操守准则要求他们不能徇私枉法。

图 2-1 警察培训学院里即将毕业的学员

这五个职业操守原则为警察在日常执法过程中面对困难决策时提供了思考和决策的框架。美国警察职业操守培训旨在帮助警员：（1）快速识别职业操守问题和决策困局；（2）有效辨别解决问题的各个备选方案；（3）从多个备选方案中准确地选择最符合职业操守原则的方案；（4）基于已经选择的方案，立即采取相应的行动；（5）行动之后，对相应的后果敢于承担责任。在执法过程中，警察不仅需要在思维决策上，而且要在实际行动上体现职业操守。一个成功的警察职业操守培训会让警员学会如何在思考、决策和行动中具备职业操守。

第三节 利用早期干预系统识别警察职业操守问题

早期干预系统（Early Intervention System，EIS）在美国已全面推广和使用。有些警员的不端行为和腐败迹象很容易被检测到，但有些警员的表现不明显，很难被觉察，EIS 系统的目的就是要及早发现易发生腐败的警员，采取针对性预防措施，防患于未然。这属于预防性的反腐措施，重点是发现和管理那些还没有产生腐败行为的警员。EIS 系统通过科学的方法分析判断警员潜在的不端行为，通过预设行为指标和推理规则，收集有关数据并进行分析统计，判断警员的行为举止是否达到预警条件，如果是，EIS 系统就会提醒采取干预措施。

EIS 系统设计的初衷是发现“90%的腐败通常是10%的问题警员造成的”。这些问题警员，同一部门的同事知情很久，但是因为他们的腐败行为并没有妨碍他人利益，从而被隐藏起来，部门领导很难发现，任其发展，最后衍生出严重的腐败案件。戈登斯坦（Goldstein）教授在 1977 年就第一个提出了早期干预的概念。在 20 世纪 70 年代，一些警察局开发了实验性的早期干预系统，但收效甚微。第一个真正意义上成功的 EIS 系统是美国迈阿密警察局使用的警员跟踪系统（Employee Profile System，EPS），20 世纪 80 年代，很多警察局开始采用 EPS 系统。1991 年，洛杉矶警察局发生了警察殴打平民罗德尼·金（Rodney King）事件。罗德尼·金是美国洛杉矶市的一名建筑工人，1991 年 3 月，他驾车超速，被警察抓到后遭到警察的殴打。在事件中，警察局收到了大量民众的举报信件，涉及 44 名警察，深入调查又发现了另外 62 名问题警察。在这种情况下，克里斯托弗（Christopher）调查委员会建议洛杉矶警察局开发一套警员表现分析（Personnel Performance Index，PPI）系统，该系统于 1997 年正式使用，被认为是全美最好的 EIS 系统。2001 年，美国司法部推荐所有警察局使用 EIS 系统，用于警察局内部管理。

EIS 系统能有效地识别、解决问题行为，预防其升级为严重的腐败案件，它能有效地帮助管理人员识别、评估和评价警员表现，目的在于及时解决潜在的问题。早期干预体系是通过收集整理警员的日常表现，经过数据分析，提高警察局内部的问责水平，确保各级警员保持职业操守。EIS 系统一般包括以下几个系统模块，该系统的成功与否取决于这些模块能否有效协调工作：（1）行为指标记录模块，如民众举报等；（2）存在职业操守问题的警员的检测和选择模块；（3）干预措施实施模块；（4）干预后效果跟踪模块。在 EIS 系统中，行为指标代表一系列行为数据的组合，它们通过推理规则有机地联系在一起，反映警员的行为模式。EIS 系统中常用的行为指标包括：（1）枪支使用记录；（2）辣椒喷雾剂使用记录；（3）警犬使用记录；（4）在岗警车追堵、交通案件、交通违章记录；（5）民众举报记录；（6）警员涉及的民事案件信息；（7）警员涉及的财务诉讼信息；（8）在押人员意外死亡和受伤记录；（9）奖励；（10）警员涉及的刑事案件；（11）警员遭遇的抵抗、攻击和致命武器攻击情况记录；（12）任务分配记录和升职历史；（13）警员培训记录；（14）在岗受伤记录；（15）病假使用，尤其是整体的病假使用记录；（16）警员报告的评审记录；（17）由于不正当搜查和错误逮捕而造成的冤假错案记录；（18）部门领导对警员的观察记录。

EIS 系统给警察部门的管理体制带来了新的改变。第一，EIS 系统数据库为警察局部门领导提供了警员工作表现的全面且系统的数据，可从大量的数据中分析发现警员不端行为的迹象。第二，形成层级监督密集监管的模式。例如，匹兹堡警察局要求部门领导每天查看 EIS 系统数据库，EIS 系统会自动记录部门领导每天登录查阅该系统的历史，更高层的部门领导可以通过 EIS 系统检查下级部门领导有没有担负起对警员行为进行有效监督的责任。由于岗位经常轮换，部门领导能通过 EIS 系统查询新警员过去单位的工作和行为记录。第三，EIS 系统和已有的惩罚机制形成高度互补。已有的惩罚机制是被动性的，有正式的流程，采取的相关惩罚措施会记录档案。但是，EIS 系统能帮助警员提高工作效能和职业操守，所采取的干预措施是非正式、灵活多样和保密的，可以有效地处理部门内部的潜在问题。

第四节　依靠内外力量监督警察职业操守

一、内部控制

在美国，警察局内部设有专门调查腐败行为的机构，并保证其人员和经费的来源，按照上级要求调查警察的不良行为和腐败问题。行之有效的内部控制要做到耐心倾听有关警员的每一起投诉，并及时解决投诉问题，同时也要通过公平公正的调查保护警员免受虚假或恶意指控。如果某个警员总是被投诉，警察局部门领导必须采取管教或处罚等措施来纠正警员的不良行为。对警员的处罚措施应有统一标准，但也兼具灵活性，因为每一起案例都有其独特的背景和产生原因。执法官员要求警员及时上报其他同事的不端行为，不管是他们看到的或是意识到的，如果不能及时上报这些不端行为或者故意隐瞒不报，同样也是触犯纪律条例的一种不作为行为。很多警察局都考虑安装热线电话，用于汇报不端行为和道德暴力行为。

图 2-2 费城警察局内务管理部

二、民众监督

民众的监督是减少警察腐败行为发生的有效途径，在美国常见的民众监督有三种形式：（1）成立民众监督委员会，即由民众组成监督小组，收集、处理投诉问题；（2）警方监督和民众监督相结合，即警察局自行处理投诉，由民众来监督执行效果；（3）向由警察和民众组成的上诉委员会投诉，警察局处理投诉，但投诉人可以将处理结果向上诉委员会进行投诉。民众听证不受约束，可以参与整个过程，以监督警察局处理程序是否公正客观，必要的时候可以提出改进意见。然而，一些警察局视民众的监督为对警察局的不信任或是干扰公务，但事实上民众的监督建议并不是完全负面的，而是来自社区的声音，可以帮助警察局内部更客观地应对不同的内部事件。

三、媒体监督

媒体在树立警察职业操守中扮演了重要角色，美国警察部门越来越认识到媒体的重要性，并不断调整策略努力与之结成同盟关系。主要措施包括：（1）充分发挥媒体的监督作用。媒体奉行时效性、真实性和公开性。一旦警察部门发生重大腐败案件或者有民众举报职业操守问题，警察局会主动及时地为媒体提供准确的一手资料，公布案件调查进展情况，在信息公开化的同时也避免媒体的歪曲和片面报道。（2）充分发挥媒体的宣传和教育作用。通过媒体让民众充分了解警察部门内部的反腐措施和职业操守标准，告知民众警察腐败的类型和产生原因，让民众全面了解哪些行为违背职业操守。这样，媒体、公众和警察部门形成三位一体的监督体系，有助于起到预防腐败的作用。（3）有效利用社交媒体。在美国，主要的社交媒体（social media）平台包括 Twitter、Facebook、YouTube。其中，Facebook 在警察部门使用率最高，为 92. %，其次为 Twitter 64. 8%。根据国际警察首长协会（International Association of Chiefs of Police，IACP）2013 年的调查数据显示，美国有 95. 9%的警察局使用社交媒体来和民众进行及时高效的沟通和互动，对警察的腐败行为和职业操守问题进行全面有效的监督，树立警察部门的正面形象，建立和维护公众对警察部门的高度信任。

第五节　提升职业荣誉感强化警察职业操守

美国警察部门始终重视树立警察职业荣誉感和自豪感，建设具有高度职业荣誉感的警队文化。警察局经常使用“荣誉执法宣誓”（Law Enforcement

图 2-3　警察就职前的荣誉执法宣誓

Oath of Honor）来督促警员，即“以我个人的荣誉担保，我绝不背叛我的警徽、我的职业操守、我的人格和公众的信任。我会永远勇敢地为自己的所作所为负责，维护法律的尊严和公众利益。”该宣誓由国际警察首长协会（IACP）推荐使用。执法宣誓在警察就职、会议和仪式上经常使用，张贴在警察局的各个部门，印刷在警察培训学校学员的名片后面，学员们必须在荣誉执法宣誓上签字并悬挂在自己的办公室，时时警示自己。同时优秀警员要参与社会互动而提升警察荣誉感和警察部门的社会形象。还有重要的一点，要建设以职业荣誉感为核心的警察职业文化。美国警察职业文化认为警察是他们一生为之奋斗和引以为豪的职业，要高度专业且遵守职业操守才能赢得社区的信任。如果同事在执法过程中有渎职、不端和腐败行为，他们会认为这是对他们珍惜和引以为豪的警察职业的亵渎，并会主动地疏远有道德问题的同事，甚至包括同事的家人和子女。警察一旦发生了腐败行为，会被警察局开除并记录在案，这样的警察也很难在其他警察局找到工作，就会失去警察这份职业。

图 2-4　挂在办公室墙上的荣誉执法宣誓

第六节　实例：洛杉矶警察局的职业操守建设

此章节以洛杉矶警察局为例，介绍其在职业操守建设上坚持的核心价值观和管理原则。

一、核心价值观

洛杉矶警察局的核心价值观是指导和启发警员的语言和行为方式，目的是让这种核心价值观成为日常工作的一种行为习惯，并通过这种培养让警员的行为举止更具有职业化，成为同事之间相互学习的典范。核心价值观的主要内容包括：

（一）服务社区

洛杉矶警察局致力于提高加强社区安全，减少社区居民的恐惧，减少犯罪。洛杉矶警察局的格言是“保护和服务”，这不是呐喊或者口号，而是使命。洛杉矶警察局和社区居民友好合作，将服务做到最好，解决社区问题，维系公共安全。而且要珍视社区的不同文化和居民的多样性，给予每一个人平等的服务和付出。

（二）敬畏法律

执行法律是人民赋予洛杉矶警察局的荣誉和使命，必须不断强化警员的职业操守。警员个人和职业举止应当是同事的榜样，必须遵守法律的条款和精髓。

（三）忠于领导

洛杉矶警察局应该成为执法体系的典范，同样相信每一个警员都应成为自己领域的翘楚并勇于承担责任，确保个人价值观成为指导日常工作和生活的核心价值指南。警员不仅要自我提高，也要和同事一起努力进步，让团队变得更专业。洛杉矶警察局会让社区得到最好的保护。

（四）言行遵守职业操守

遵守职业操守是洛杉矶警察局的基本要求，警员应为自己的警察职业而倍感自豪，要尊敬民众，对民众忠诚。不能光说不做，行动胜于言语，要忠于信仰，做正确的事情。洛杉矶警察局遵守职业操守的历史由来已久，长期致力反腐败斗争，保持职业荣誉感和自豪感是洛杉矶警察局一贯的宗旨。

（五）尊重民众

洛杉矶民众和洛杉矶警察局并肩作战，荣辱与共。民众是洛杉矶警察局最重要的资源，要尊重社区居民的多元性，给他们提供最多样的服务，因此雇用警员时也要考虑警员是否具备足够的学识、是否拥有足够的能力、是否能够正确使用自由裁量权。要鼓励居民提出需求和想法，洛杉矶警察局也会耐心聆听他们的意见和建议。洛杉矶警察局会最大限度地鼓励民众，发挥他们的潜能，会认真考虑每一个受害者的感受，也要让每一位无视法律的人感受到法律的威严。尊重民众，最终让洛杉矶警察局赢得民众的尊重与支持。

（六）不断提高服务质量

要不断提高警务工作的服务水平。珍视警员的创新能力和创造力，真正认识到洛杉矶警察局的生命力和活力，以不断探求和追寻更好的服务方式。

二、洛杉矶警察局的管理原则

在日常的警务管理和职业操守建设中，洛杉矶警察局遵循以下管理原则：

（一）敬畏法律

警察的职责就是维护和平并严格执行法律。在执法过程中，警察必须秉承法律精神，按照《权利法案》规定的条款与要求，忠于宪法的初衷和精神，法案就是要让每个民众平等地享有权利和义务，并监督他人，目的是为法律的实施提供基本的公平和正义。因为《人权法案》强调，在美国每一个人的尊严是神圣不可侵犯的。同时，警察必须在警察职业道德范围内保护每一位被告者的合法权益。要谨慎使用权力，不能违背法律来侦破案件，或者逮捕不法分子，即便对于重犯，也要按照法律行使权力。洛杉矶警察局要求每一位警员敬畏法律，要从尊重每个民众的合法权益做起。

（二）将犯罪预防作为工作重点

警察之所以存在就是为了有效地预防犯罪、维护秩序，而非用强大的军事力量镇压或者进行惩罚。如果警察不能有效地预防犯罪的发生，就必须认真了解犯罪情况、收集证据，作为今后借鉴使用。

（三）获得公众的认同

警察行使职责的能力取决于民众对警察执法能力、行为举止、职业操守的高度认可。

（四）自愿守法

警察必须保持愿意与民众进行平等合作的态度，确保民众自愿遵守法律，以获得民众的尊重和认可。

（五）与公众合作

一定程度上的合作可以减少财物、人力等损失，减少执法成本，但适当地使用体力和强制措施也是达到目的的有效手段。

（六）创造公正友好的执法环境

警察寻求民众的支持并不是一味迎合讨好民众的需求，而是不断提供符合法律的公正服务，要考虑到法律的实质和正义，不能因人而异带有种族歧视。警察应该保持礼貌和善意的幽默，也要奋不顾身地保护和珍爱社区居民。

（七）最小限度地使用武力

警察使用武力的目的是在一定程度上维护法律和社会秩序。在经过劝说、建议和警告都不能制止犯罪时，警察必须适当使用武力，在特定的场合用来确保安全。

（八）坚持公众与警察为一体

在任何时候，警察都应该维系和公众的友好关系。警察就是公众，公众就是警察，这种说法历史已久，因为警察不仅是公众的一员，而且公众还给警察支付薪水来全职负责社区安全。

（九）慎用自由裁量权

警察应该严格按照法律执行权力，不要做超越司法权限以外的事情，不以个人的权限去侵犯个人或者国家的利益，也不以个人主观去判断是否给予惩罚或者判定有罪。

（十）进行警察有效性测试

警察有效性测试是在没有犯罪或者公共秩序良好有序的情况下，警察会不会主动查找潜在的犯罪和违法行为。

（十一）公众与警察的共同协作

预防犯罪的任务不是警察单独能完成的，这项任务必须要求有与警察合作意愿的公众人士协同进行，共同实现打击犯罪的目标。警察的数量是有限的，不可能 24 小时无休息的在每一个街区或者社区进行巡逻和安保。因此要呼吁每一个人树立主人翁精神，关心社区的安全和共有财产，当人人都协同起来、积极担当，就可以最大限度地减少犯罪发生。

（十二）警察部门上下级的共同协作

大多数的执勤治安工作都是由一线警察执行，上级长官和管理层的工作是界定问题、制定目标，并协助警员去完成任务。而且上级长官要根据下级的表现和任务完成情况进行评估，并帮助其提高改善。

（十三）警察之间的共同协作

警察会面对很多专业化的工作，树立警察的专业化是极其必要的。因此，警察局各部门之间应该进行调整，整合有效资源，保证警员的专业化，并和专家、民众紧密合作，一起面对专业化问题。

（十四）警察与刑事司法系统的紧密合作

必须认识到，警察和民众都不可能单独成功地解决犯罪问题。刑事司法系统作为一个整体，为了正确地服务于公众，必须将各个方面的力量整合在一起系统协同工作。警方和检察官、法庭和监狱官员的紧密合作是非常必要的，以确保社区安全。

（十五）处理好与媒体之间的关系

新闻自由是美国宪法第一修正案的重要元素。公民的知情权是运行民主制度至关重要的一个环节。警方行动深刻影响公众，也能唤起公众的共鸣和使命感。同样，公共利益和公共合作能有效帮助警察完成使命。警察应尽一切努力满足媒体的合理需求，并向公众告知案情进展，应该保持一种开放和坦率的态度，在不影响警务执行的前提下，为媒体提供完整和准确的信息。但在涉及个人公平权利、影响刑事调查、危及他人生命或者严重危害公民安全这四种情况下，给予媒体的信息应该越少越好，甚至可以保持沉默。

（十六）保持开放和诚实

警察必须秉承开放、诚实、信任的原则，公平执法，这样才能争取到民众的信任和支持。如果缺乏诚信和公开，警察和公众之间的沟通渠道就会被阻塞，警察的处境也会随之变得困难。

三、总结

美国警察的反腐经验得出，腐败不是不治之症，关键是如何治理。美国警察的反腐经验值得学习之处在于：一是转变反腐败理念，从源头上加强廉政建设，在警员招录、培训和教育中逐步树立职业操守，通过发挥内外共同监督的作用，形成具有充满职业荣誉感和自豪感的警察文化。二是积极探索预防和遏制警察腐败的新途径，美国的评估体系和早期干预体系，改变了警察管理的途径，使之更加科学化、合理化，可操控性强，可以提前干预各种腐败问题出现的苗头，避免和减少不必要的损失。美国警察反腐败的成功经验在于从最初的惩罚打击“烂苹果”，转变为以预防为主的积极干预，通过多种手段树立警察职业操守，切实做到了使警察不想贪、不能贪、不敢贪。

第三章
美国警察的反恐体系——重要警务模式

"9·11"事件对美国执法体系带来了重大改变，以反恐为主导的警务模式占据重要地位。反恐行动需要各级执法部门紧密合作并且高度配合，而美国的执法体系是多元且独立分散的，这为预防和打击恐怖主义带来了体制上、管理上和行动上的障碍。我们在纵向上梳理了美国联邦、州级和地方执法机构在反恐行动上采取的统一策略和方法，横向上对比分析了纽约、芝加哥、洛杉矶三个最大城市警察局的具体反恐举措，综合阐述美国执法体系如何收集和共享情报信息，协调管理各级部门的反恐行动，教育培训社区民众，从而实现对恐怖主义的有效打击。

第一节　后"911"时代到来

"9·11"事件给美国执法体系带了巨大的变革。在过去的十几年里，预防恐怖袭击和随时响应大规模反恐救援行动，成为美国联邦、州级和地方执法部门的首要任务之一。在美国，近 17000 个州级和地方警察部门、执法部门等都在反恐行动中发挥着至关重要的作用。80%以上的恐怖袭击的策划和行动实施都是由一线警察在执勤执法过程中发现的，才能及时有效制止。

美国分散性和多元性的警察体系是进行大规模统一反恐行动的一大障碍，如何调动分散的警力和社会资源共同应对恐怖袭击，是美国联邦政府面临的难题。美国宪法规定，联邦政府对地方执法机构不能直接命令和指挥，同样联邦警察局也不能直接调度州级警察局和地方警察局。但反恐行动需要各部门进行横向和纵向的紧密联系和协调，横向上需要地方警察局及时相互配合，纵向上需要地方和州级执法部门和联邦机构进行情报分享。只有渠道通畅和资源集中才能有效应对恐怖袭击。为此，联邦政府创建了一系列应对恐怖袭击的情报执法部门、机构和平台，出台了一系列预防恐怖袭击的措施和计划，促使各级执法部门有效快捷地分享反恐情报信息，整合全国资源，教育和发动民众，从而协调指挥全国的反恐行动，实现对恐怖主义的有效打击。

第二节　联邦执法机构的主要反恐措施

一、联邦执法反恐新机构设置

“9·11”事件之后，美国联邦政府创建了一系列的反恐机构，以应对恐怖袭击。

（一）国土安全部（Department of Homeland Security，DHS）

国土安全部是美国政府在“9·11”事件后设立的第一个联邦级别的行政部门，整合了22个联邦机构，负责国内安全及主导全国的反恐行动。国土安全部的反恐任务和目标包括：防止恐怖袭击；防止非法获取或使用生化、核辐射材料和设备；对重要设施、关键领导人和重大事件进行保护。

图3-1　位于美国首都华盛顿的国土安全部

（二）国家情报局长办公室（Office of the Director of National Intelligence, ODNI）

国家情报局长办公室负责协调整个反恐行动的情报收集工作，管理17个联邦机构，包括中央情报局（CIA）、联邦调查局、部分国土安全部和国防部的情报部门。

（三）国家反恐中心（National Counterterrorism Center ，NCTC）

2004年8月27日，美国前总统布什签署命令，赋予中央情报局更大的权力并成立国家反恐中心，全美共成立30多个独立、高度机密的政府部门负责向反恐中心输送情报，它可以不受任何约束地获得美国情报界最宝贵、最全面的资料。

图3-2 国家反恐中心指挥大厅

（四）联合反恐特遣部队（Joint Terrorism Task Forces，JTTF）

“9·11”事件之后，联邦调查局立即调整工作重心，从传统的预防和打击犯罪转移到积极预防的反恐行动，在全美各州成立联合反恐特遣部队，并迅速扩张。联合反恐特遣部队涵括了来自联邦、州级和地方等共600个机构，共计4400名工作人员。联合反恐特遣部队由训练有素的当地常驻调查员、分析师、语言学家、特警专家，以及来自执法和情报机构的其他专家组成。他们的主要任务是追查线索、收集证据、执行逮捕等，并且为特殊的重大活动提供安全保障，此外还会定期开展反恐培训，收集和分享反恐情报，以及在接到重要情报后对威胁事件作出快速反应和发号指令等。

二、创建全国性反恐情报信息融合平台

行之有效的反恐行动的关键在于及时准确地获取恐怖分子及其行动的情报信息。

1. 国土安全部采取了跨区域、跨部门的整合全部案情险情（All-Crimes All-Hazards）的信息分享、情报分析的策略。联邦法院颁布有关反恐的相关法律，放松了对宗教和政治活动的监控和跟踪，方便了各级执法部门有效地收集反恐情报。

2. 国土安全部创建全国性可疑活动报告系统（Nationwide Suspicious Activity Reporting Initiative ，SAR）。国土安全部负责培训基层执法人员使用可疑活动报告系统，训练他们如何准确快速地识别恐怖分子的异常行为，如何采用标准化的记录方式、描述方法准确地分析嫌疑人的可疑行为，并通过信息融合平台和其他执法机构共享。

全国可疑活动报告系统倡议（NSI）是由美国国土安全部、联邦调查局、各州政府、地方政府等多个部门共同组成的，用来对抗暴力恐怖袭击而形成的执法合作伙伴。这项倡议主要是呼吁倡导除了执法体系以外，能有一个更广阔的平台收集、记录、分析、融合、共享可疑的恐怖暴力袭击活动。NSI 主要是为利益相关者提供服务、保护隐私、实施标准化培训，并促进全国各地司法管辖区上报的可疑活动系统信息的共享。

信息共享-可疑活动报告（Information Sharing Environment—Suspicious Activity Reporting，ISE-SAR）功能标准定义为：观察可疑的行为可以提早发现恐怖行为或者其准备工作。这个标准定义发展得很快，包括个人隐私、公民权利、公民自由、公民自由团体，以及美国公民自由联盟（ACLU）。SAR 是非常重要的，它是关于可疑活动与恐怖主义潜在联系的信息共享渠道，它可以帮助防止恐怖袭击和其他犯罪活动的发生。ISE-SAR 的目的是支持共享，创造信息共享环境（ISE），对可疑的活动、信息及其行为（以下统称为可疑活动）进行整合分析。ISE 包括各州和主要城市的信息融合中心、国土安全局或其他信息共享的合作伙伴，在联邦、州、选区等法律允许的最大范围内，提供并分享关于可能发生的恐怖主义犯罪的具体信息。ISE-SAR 可以用来分析一些可疑性犯罪活动的趋势，这种有关犯罪的可疑活动，通过信息融合中心和联邦机构之间实现共享是非常有必要的，有利于对犯罪行为进行准确评估，防止或预防恐怖主义犯罪活动。

3. 民众举报运动（If You See Something, Say Something Campaign），旨在让民众深入了解恐怖主义及其相关的犯罪行为。国土安全部与美国大学生运动协会，垒球、橄榄球、冰球协会，沃尔玛，美国酒店协会，铁路交通和航空系统，以及9000个重要联邦基础设施单位形成合作，教育民众主动识别并举报和恐怖主义相关的异常行为，共同保护城市安全。

例如，联邦政府提醒民众如果在公共场所发现了以下可疑行为，要立即报告：

（1）跟个人的外貌、行为、举止以及沟通有关的行为：

①参观者外貌形象发生显著的改变，如修剪了胡须；

②更换头发颜色、改变穿衣风格等；

③身体受伤，如断指、衣服上有血迹或鲜艳的污渍、漂白体毛等，或者手持开关或电线并将它们藏在包或衣服里；

④表现得很紧张，嘴里喃喃自语并大量出汗；

⑤监控跟踪其他人员；

⑥使用隐藏的摄像机（在特定地区进行拍摄并不断调整相机的角度或高度）；

⑦偷偷使用照相机、录像机、望远镜，或进行记录和素描；

⑧表达不寻常的意见，包括关于反美、激进神学等；

⑨通过个人接触询问保安、设施人员的电话或电子邮件。

（2）与乘客活动或安全利益有关的行为：

①多人一起到达，然后分开行动，分开后继续通过手机交流；

②不寻常的兴趣点：研究安保措施、安保人员、监控入口，观察周边障碍（围栏/墙壁）或者无人值守的列车或巴士；

③在禁停区停放车辆或故意将车辆停放在敏感区域，以观察安全反应；

④试图获得官方车辆、制服、胸卡、门禁卡或关键设施识别凭据（报告门禁卡损坏致使卡片停用）；

⑤观察安全演习或程序（可能会留下无人看管的包裹）。

（3）在酒店，应当警惕客人是否有以下可疑行为：

①要求入住指定的房间或者指定的位置；

②以他人名义使用大额交易或信用卡套现；

③携带着不寻常的行李；

④问一些特别的问题，如有关景点、网站、政府、军队、警察、通信和电力设施的问题；

⑤在较长时间内拒绝清洁打扫服务；

⑥避免从大堂进出酒店；

⑦在房间内留下衣物和洗漱用品；

⑧不离开房间；

⑨改变外表；

⑩离开几天后返回；

⑪盗窃公务车辆、制服、身份识别卡和门禁卡。

（4）酒店客房出现以下现象：

①墙壁或门上有烧伤痕迹或变色；

②客房有异常气味或液体渗出；

③有不寻常的访客增多现象。

（5）在酒店房间或垃圾箱发现以下不寻常物品：

①肥料或农产品；

②化学药品或化学容器；

③燃料或燃料容器；

④武器、弹药或炸药；

⑤极端训练手册或文献；

⑥伪造的信用卡或文件。

4. 在国土安全部和司法部的资助下，全美 49 个州 26 个大城市相继建立了反恐信息融合中心（Fusion Center），使联邦政府机构和各级执法部门可以快捷高效地分享反恐情报信息。2007 年，美国国会通过了 9/11 委员会法案（9/11 Commission Act），决定创建全国性的信息分析平台（Information Sharing Environment，ISE），连接反恐信息融合中心，这样就可以把各级执法机构分散独立的碎片信息整合串联起来，形成恐怖犯罪活动的完整情报。

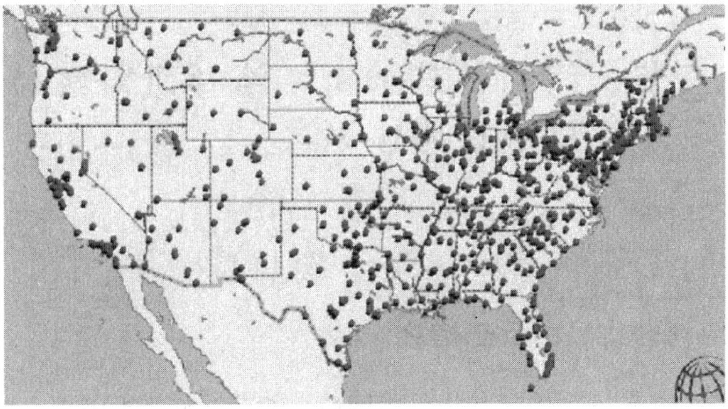

图 3-3　全美信息融合中心在各州的分布

5. 联邦调查局也创建了自己的信息分享网络："守护者（Guardian）"和"电子守护者（eGuardian）"。电子守护者是非机密版本的信息分享网络平台，用于收集来自各个信息融合中心的可疑活动报告，然后汇总传递到相应的联合反恐特遣部队。

6. 为了更加有效地应对复杂多变的反恐形势，许多地方警察局采取了新的"情报引导"警务模式，通过充分利用计算机网络等高科技手段，准确快速地收集、统计、分析和共享各种犯罪数据，基于情报分析结果部署警务资源，有效打击恐怖犯罪活动。在该警务模式下，还可对下属部门和警员进行数据化、科学化的监督和管理。

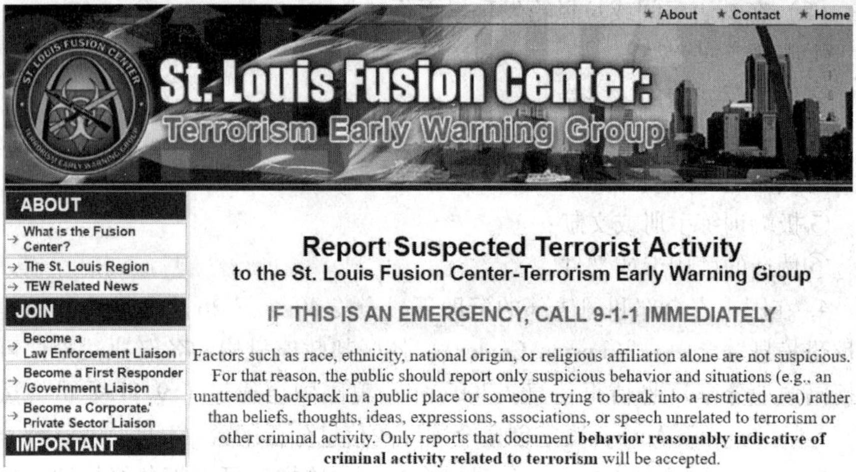

图 3-4 圣路易斯信息融合中心的网站，让民众举报可疑行为

第三节 纽约、芝加哥、洛杉矶警察局的反恐措施体系

大城市是恐怖组织袭击的主要目标，也是美国反恐的前线和主要战场，如纽约、芝加哥、洛杉矶都是恐怖分子关注的重点大城市。

一、纽约警察局的反恐措施

纽约警察局成立于1845年，是美国最大的警察局。美国大多数的警察局只有几百名警员，但纽约警察局约有53000名警员，警员数量超过了FBI警员数量。纽约市约有800万人口，平均4.18名警员服务1000名市民。纽约警察局反恐体系完善且设备精良，反恐局和情报中心有超过1000名警员，年度预算超过1亿美元。纽约警察局将反恐作为工作的重点，创建新机构，制定一系列措施以预防和打击恐怖活动。根据美国官方网站统计数据显示，纽约警察局2017年财政预算达到52亿美元。

图3-5 纽约警察局的旧总部大楼

（一）主要反恐机构设置

1. 成立纽约反恐局。2002年，由纽约警察局警长凯利带头成立了纽约反恐局。反恐局的使命是保护纽约城市安全，因此制定了一系列具有前瞻性的警务策略，预防国内外恐怖组织袭击。由警察局高管牵头，层层带动全市范围内的反恐活动。反恐局与当地情报部门和交通部门合作，保护关键基础设施和重要建筑物。

2. 成立纽约联合反恐特遣部队。“9·11”事件后，纽约警察局成立联合反恐特遣部队，共有编制125人，负责反恐局的日常运作。纽约警察局的探员与FBI特工密切合作，对大都会地区甚至全球恐怖主义进行调查。纽约联合反恐特遣部队参与调查多个全球恐怖活动，包括世贸中心袭击案、美国驻东非大使馆爆炸案和美国科尔军舰袭击案等。纽约联合反恐特遣部队通过与FBI合作可获得国家机密情报，同时也和其他执法机构及时分享自己发现的情报。

（二）主要反恐措施

1. 地图反恐行动（Operation Atlas）。2003 年，纽约警察局实施代号为“地图”的反恐行动，在全市派驻大量警力并安装反恐设备，包括反恐处突特种车辆（Critical Response Vehicle，CRV）、大力神小组（Hercules Team）、交通秩序维护排查小组（Transit Order Maintenance Sweeps，TOMS）、地铁防爆痕迹检测检查站等。CRV 不间断在纽约市的 76 个街区巡逻，巡逻警察配备高端强大的武器装备。TOMS 地毯式排查交通工具，寻找犯罪嫌疑人和可疑包裹，进行痕迹防爆扫描检测，防止犯罪嫌疑人将爆炸物携带到地铁等公共交通工具上，此外还有便衣巡查警员。大力神小组非常引人注目，由情报人员、警犬组、高速公路巡逻组组成，全副武装，火力强大，给恐怖分子带来强大的震慑力。

图 3-6　纽约警察局的大力神小组在执勤

2. 威胁和脆弱程度消减计划（Threat and Vulnerability Reduction Program）。“9·11”事件发生后，纽约警察局开始对城市关键性基础设施的脆弱程度进行评估，提升对恐怖袭击的抵御能力，这项行动称为威胁和脆弱程度消减计划。该计划按基础设施的脆弱程度分为五个级别，计划小组的警员分为五组，分别负责五类基础设施，对关键设施进行巡逻检查，鉴别易袭设施，制订全面的保护计划并进行反复演练。纽约警察局通常使用公式对建筑物的脆弱程度进行评估分级：危险系数 = 危险指数 × 脆弱指数 × 影响性。这个公式体现了风险分析的基本原则，即恐怖袭击经常针对脆弱目标，目的是造成巨大的破坏和社会影响。

3. 防生化放射性反恐措施。纽约警察局有很多不同职能的反恐小组，分别应对和处理化学、生物、放射性的恐怖袭击，还建立了专门医疗小组保护警员防止其受到生化放射性元素的伤害。同时给警员发放个人保护装置和放射性武器探测设备，如放射性元素传感器。纽约警察局配备 700 个手持放射性物质检测仪，要求巡逻执勤的警员必须全天随身携带。

图 3-7　纽约警察局的反恐信息共享网站

4. 反恐天网行动（Operation Nexus）。纽约警察局的反恐天网行动是全国范围内的合作，要求整合一切资源，举报可疑线索。纽约警察局认为，恐怖事件的发生是有谋划和准备的，恐怖分子会乔装成普通市民去购买或租赁设备，通过培训获得技能或证书，也会盗取车辆、设备或材料等，一旦他们获得所需物品，就会开始实施恐怖活动。纽约警察局鼓励企业和商家及其雇员加入天网行动，培训他们如何辨别顾客的可疑行为，并要求他们及时向警察局报告。天网行动主要针对个人恐怖袭击，个人恐怖袭击行为一般不和国外恐怖组织联系，很难被察觉。这就要求发动民众主动收集信息和提供恐怖分子的蛛丝马迹，要求一线警员必须熟知辖区情况，随时发现可疑现象。纽约警察局反恐天网行动实施成功，效果明显。通过天网行动，纽约警察局对民众进行反恐教育，提高反恐意识。自 2001 年 10 月起，通过市民举报，纽约警察局收到了很多匿名线索，已经成功制止 11 起恐怖袭击活动，达到了事半功倍的效果。

5. 曼哈顿下城区安全监控计划（Lower Manhattan Security Initiative，LMSI）。曼哈顿下城区安全监控计划成立了一个全面的网络监控，其核心就是为曼哈顿下城区的众多商家和公共机构创建一个信息共享平台，旨在及时发现各种危险情况，并对预备实施的恐怖活动进行预警和打击。

6. 反恐训练演习。从 2002 年开始，纽约警察局针对警员开展反恐训练，包括可疑性行为识别、反监控检测、自杀式炸弹袭击应对措施、爆炸痕迹检测高级培训课程、生化核辐射恐怖袭击应对措施、海上恐怖袭击应对措施培训等，并通过电脑模拟恐怖现场，进行功能性和实战反恐演习。演习内容包括如何应对连环杀手、自制炸弹袭击、地铁炸弹袭击等，并模拟现场如何派遣协调处突车辆和大力神小组，如何设置障碍和检查包裹，如何进行核辐射检测、反监控检测和疏散车辆人群等。

针对警员和公众提供的反恐训练 ALICE

ALICE 训练会在培训课程中给个人或者团体传授如何应对激进的恐怖袭击或者暴力事件的威胁，无论这种袭击是来自个人或者国际组织，还是政治暴力袭击。ALICE 训练的目的是预防恐怖袭击，确保民众安全，这一训练已被公众认可，相比以前预防的单一程序更加全面。ALICE 训练是由 Greg Grane 创办，他以前是特警，之后担任警察学院的导师，他和妻子 Lisa Grane 共同创办了 ALICE 训练，两人都有 30 多年的教育管理工作经验。

A 代表 Alert：警惕意识，第一时间告知你危险的存在

警惕意识，告知你首先要具备危险意识，越早明白自己处在危险之中，就能越快地拯救自己，快速反应是至关重要的，分秒必争。警惕意识是让你排除犹豫，认识到危险的发生和出现，接受并认真对待，根据自身的危险情况迅速做出生存决定。

L 代表 Lock：紧急封锁。封锁房间，随时准备逃离或者对抗。

如果逃离并不安全的话，那就迅速封锁好自己的房间入口，然后寻找相对安全的地方准备逃离。这与传统的封锁保护自己的要求不一样，这种传统的锁定方式只会使目标更容易被枪击。ALICE 训练的教练会用很实用的方式对你进行指导，如何更好封锁房间、设置障碍，如何使用电子设备，如何与警方取得联系，如何争取时间，或者采用别的方式或技能逃离。

I 代表 Inform：实时通报，及时了解暴力入侵者的位置以及方向。

在能确保安全的情况下，尽可能及时地向警方通报。武器携带者的行为是不可预测的，是快速的，这意味着及时有效的交流信息是确保安全的关键。信息一定要使用清晰、直接、简洁的语言，不要用暗语或者代码，如果持枪者在另外一座建筑物里，那么这栋楼里的人是有条件安全撤离的，但要确保与持枪者距离近的人员的安全和疏散。可以通过视频监控、911 报警电话、安保人员等进行信息交流，通报持枪者位置，并获得救援。

C 代表 Counter：对抗，对抗要制造噪声、不停移动、产生距离、让其分心，通过这些方式可以降低射击者的准确性，但对抗不意味着抗争。

ALICE 训练的核心并不认为积极对抗的方式是面对暴力袭击的最好选择。首先一定要确保人身安全，对抗是最后的选择。对抗的重点要侧重于制造噪声、不停移动、产生距离、使其分心等，以减少射击者的准确性，制造一个动态的活动环境，降低被击中的可能性，同时争取时间和机会逃离。

E 代表 Evacuate：撤离，如果这样做安全的话，赶快逃离危险区域。

ALICE 训练会传授安全疏散的战术，如何将人们疏散至一个相对安全的区域，以防止与持枪者的正面冲突。有很多细节需要掌握，例如，如果破窗的话，是选择窗户的上方还是中心。此外，还有很多有用的技术和技巧能保护人们的生命安全。

图 3-8 警察在对小学生进行 ALICE 培训

7. 地铁反恐。就像在城市中心巡逻的大力神小组一样，地铁反恐小组警员持重型武器在整个地铁沿线巡逻，用防爆探测器检查乘客及其行李，确保地铁交通安全。

二、芝加哥警察局的反恐措施

芝加哥警察局成立于1855年，警员人数超过13500名，是全美第二大警察局。芝加哥拥有美国客流量第二大的奥尔黑机场，拥有第二大公交系统和排名第四的铁路交通枢纽，每天承载着巨大的人流、物流量。此外，还拥有闻名世界的最高建筑之一西尔斯大厦、海军码头等重要旅游景点，同时拥有29家世界500强企业。这些企业、建筑、景点和公交枢纽等都是恐怖分子关注的重点对象。

图3-9 芝加哥警察局

（一）主要反恐机构设置

1. 预防犯罪信息中心（Crime Prevention Information Center，CPIC）。芝加哥反恐局的预防犯罪信息中心承担着日常执法和反恐行动。预防犯罪信息中心可以随时访问城市内公共和私用的监控设备，并可以将录像链接调入应急管理办公室，全天候监控可疑行为和重要事件，并且和华盛顿的国土安全部保持紧密联系。

2. 芝加哥联合反恐特遣部队。芝加哥联合反恐特遣部队成立于1981年，其工作人员来自芝加哥警察局、联邦调查局、国防部、海军情报局、移民和海关执法局、保密局、伊利诺伊州警察局、海岸警卫队、美国邮政检查局，以及其他联邦、州和地方的执法机构。芝加哥联合反恐特遣部队的主要任务在于收集国内外反恐调查信息情报，并将集合起来的信息资源进行分析和再分配，与成员单位共享。其主要职责包括：一是作为反恐调查的牵头单位，进行国内外的恐怖威胁调查；二是接收有关国内外恐怖袭击的情报信息报告，并进行情报分析。芝加哥警察局通过联合反恐特遣部队将地方、州、联邦的执法和反恐机构紧紧地联系在一起，共同对抗恐怖组织，定期模拟演习，与大学和阿贡实验室合作，共同研发反恐技术，同时芝加哥警察局是具备 A 级炸弹探测能力的警察局之一。

3. 芝加哥警察局反恐处（Counter Terrorism Section，CTS）。该部门负责情报收集工作，具体包括：一是收集国内外最新的恐怖活动；二是对关于恐怖袭击的信息情报进行分类；三是对芝加哥重要基础设施的脆弱性进行评估，并维护分享数据信息；四是与联邦政府和州政府分享情报信息，以对抗恐怖袭击；五是每天制作反恐信息简报，记载和汇报当日 24 小时内发生的所有案情及可疑现象。

（二）主要反恐措施

1. 芝加哥新型警务战略（Chicago Alternative Policing Strategy，CAPS）。芝加哥在融合传统警务模式的基础上发展了独特的新型警务战略，旨在鼓励社区和警员紧密合作，共同反恐，打击犯罪。这种以社区为基础的警务策略，让芝加哥警员平均每年都要与社区居民见面开会两百多次，让社区居民变成警察局的眼睛和耳朵，以便及时举报可疑行为，提供线索；芝加哥警察局还采取多种方式培训市民，提高市民反恐意识和技能；并与国土安全部门合作，开设反恐培训课程和资格认证。

2. 航空安全和反恐措施。芝加哥奥黑尔机场占地面积达 7280 英亩，有 4 万名员工，每天起降飞机 2500 多次，接纳乘客 20 万人。除了基地组织威胁外，奥黑尔机场还面临本土恐怖分子的袭击，如劫机、汽车炸弹、火箭炮袭击、航站楼枪击和生化攻击等。为此，奥黑尔机场和芝加哥反恐处制订了周密的反恐计划：机场安装最先进的检测设备，包括毫米级扫描仪和多视角三维 X 光扫描仪，实时生成三维物体图像，全方位透视行李和人体，准确可靠地检测出藏匿的枪支、刀具和炸弹；安检人员对乘客的登机牌和 ID 仔细检查；可疑行为检测人员在机场全天候巡逻；随时待命的炸弹威胁评估人员可以准确快速地检测和排除炸弹威胁；所有托运行李进入全自动爆炸物扫描和包裹运输系统直达飞机。机场保安和反恐部门在机场工作人员录用前进行严格的背景调查，查看移民和犯罪记录。为了防止工作人员证件丢失和盗用，定期对证件进行检查，每周对证件使用状况和出勤情况进行对比，一旦发现异常，立即废止该证件。同时，和机场周围的酒店达成合作，要求酒店工作人员及时举报可疑行为。

3. 海运安全和反恐措施。芝加哥拥有庞大的港口系统，最大的受威胁群体是大量的国际游客和成千上万、大大小小的船只。芝加哥警察局和联邦政府反恐部门、反恐特遣队以及周边警察局紧密合作，确保海运安全，打击恐怖活动。在水面上，芝加哥警察局部署了大量的保安船，船只上安装先进的夜视仪、声呐扫描成像系统和360度相机，对水下进行全天候持续监控，以便及时发现可疑目标。在港口和重要通道出口安装辐射检测设备，警员配备手持辐射检测设备。芝加哥警察局和海岸警卫队、海关、FBI通力合作，进行常态化的反恐训练和演习。

4. 公共交通系统安全和反恐措施。芝加哥拥有全美第二大公共交通系统、第一大轨道交通系统，每天服务着来自40多个城区的160万名乘客。芝加哥市内有不少的基地组织、伊斯兰极端组织和哈马斯恐怖组织成员，"9·11"事件之后，公共交通多次被恐怖主义威胁。例如，2002年，约瑟夫·孔诺布卡（Joseph Konopka）就准备对芝加哥地铁发射化学武器攻击。为了预防和打击恐怖，芝加哥交通部门和警察局、国土安全部、FBI紧密合作，对该市公共交通系统进行全面风险评估，并制订相应的反恐计划。对地铁和公交车辆进行炸弹检测和排查，每天有近400名安保人员对车厢、公共汽车和车站进行安全检查巡逻，所有公共汽车配备GPS跟踪系统。同时，不断发动、教育和培训民众及时识别和举报可疑行为。

5. 重要设施安全和反恐措施。芝加哥有很多高层建筑，政府大楼、商业大楼和旅游景点等都是恐怖分子关注的重点对象。芝加哥警察局通过信息融合中心与反恐特遣队、国土安全部及FBI、商家企业联合反恐，确保城市安全。芝加哥85%的关键设施单位现已加入反恐信息融合中心。警察局每天给商家企业发送城市安全报告，举办各种反恐训练和演习；在关键设施上安装智能监控相机；率先采取整合全部犯罪险情的警务策略，把一线警察、商家企业和市民收集的犯罪信息和可疑行为连接起来，进行整合、分析、过滤和挖掘，及时发现恐怖行为，确保城市安全。

三、洛杉矶警察局的反恐措施

洛杉矶警察局成立于1869年，有近9900名警员和3000名文职人员，洛杉矶人口超过380万人，平均2.6名警员服务1000名市民。洛杉矶在2014年全球城市排名中位于第6位，是美国最大的石油、化工、海洋、航天和电子工业基地，拥有美国西部最大的海港，是仅次于纽约的金融中心。洛杉矶拥

图 3-10　洛杉矶警察局警员在巡逻

有众多的基础设施，如港口、机场、炼油厂、发电厂、摩天大楼、电影制片厂等，这些都是恐怖袭击的主要目标。“9·11”事件之后，洛杉矶警察局创建了一系列的机构、出台了一系列的措施来预防和打击恐怖主义。

图 3-11　洛杉矶警察局女警员在执勤

（一）反恐机构机构设置

1. 反恐和犯罪情报局（Counter-Terrorism and Criminal Intelligence Bureau，CTCIB）。2003 年，洛杉矶警察局成立了反恐和犯罪情报局，约有 300 名警员

从事反恐犯罪情报收集和社区动员等工作。洛杉矶警察局认为，反恐工作是社区警务工作之外的另一项重点工作。反恐和犯罪情报局的使命是：通过高效快捷的信息收集和共享，破坏恐怖分子的作战能力；充分调动和利用私有企业资源来保护公共设施和关键的基础设施；追踪恐怖分子以及背后支持企业；对民众进行反恐教育和培训。反恐和犯罪情报局的主要任务是加强州与州的合作，推进反恐行动，保护城市安全，与美国政府的反恐部门合作，打击国内外恐怖分子，与外国政府建立合作关系，在国际反恐行动中发挥重要作用。

2. 区域联合情报中心（Joint Regional Intelligence Center，JRIC）。洛杉矶警察局、联邦调查局和国土安全部合作成立了区域联合情报中心，该中心横跨多个执法、消防和医疗卫生机构等，涵括了洛杉矶周边 7 个区县的重要基础设施和建筑。

3. 洛杉矶警察局反恐学院。这是第一个由地方执法机构创建的反恐学院，来自 25 个机构的警员、消防员和私人保安在此接受培训。培训内容为国内和国际恐怖主义概述及其主要威胁，并全面讲述了以情报为主导的警务策略，这些都作为反恐学院培训的重要内容。此外，还针对州、地方警察局如何开展情报引导警务战略，如何打击恐怖主义、毒品走私、黑帮和人口走私等有组织的犯罪活动进行培训。

4. 洛杉矶特别行动局（Special Operations Bureau）。特别行动局主要是由紧急管理服务部门的警员组成，负责应急规划，管理和运营危险设备，为洛杉矶警察局提供特殊战斗和反恐资源，应对突发骚乱和恐怖威胁。

5. 洛杉矶警察局反恐特警队（SWAT）。洛杉矶警察局于 1967 年成立了反恐特警队，全称为特殊武器和战术小组，装备先进、训练有素。自成立以来，该小组成功解救了多名人质，抓捕多名暴力嫌疑人，获得了众多表彰。并以其超强的判断能力和突发事件处理能力闻名世界。

（二）主要反恐措施

1. 洛杉矶警察局可疑活动报告（SAR）系统。该系统要求一线警员和社区民众随时报告涉嫌恐怖活动的相关事件，并与联邦和州级的信息收集、分析、跟踪和融合平台相互连接。洛杉矶警察局的 SAR 系统是美国第一个具有国家标准的反恐措施，把反恐行动和传统的犯罪调查整合起来，实现了国家、州和地方的信息共享，这也成为信息融合中心的主要信息来源，同时，也激发和鼓励了社区居民积极参与反恐活动。

2. 大天使反恐行动（Operation Archangel）。洛杉矶警察局与国土安全部合作出台了大天使行动计划，旨在保护国家级的重要基础设施。大天使反恐行动还曾荣获最佳纪录片奖："天使说：保护我们的自由！"在洛杉矶，85%以上的重要基础设施建设都是私有财产，大天使反恐行动很好地将私有企业和警务系统联合在一起，相互融合，共同预防和打击恐怖主义。

3. iWATCH 民众举报系统。民众举报系统旨在提高社区警觉意识，教育民众如何识别异常行为，尤其是与恐怖活动有关的可疑行为，通过观看视频和案例分析了解有关恐怖组织的内容，同时也可以登录警察局网站下载反恐手册，上面详细记载了可疑行为和恐怖活动的种类、报告途径等。该系统旨在保护自己和左邻右舍的安全，避免恐怖袭击，这是洛杉矶警察局和社区建立紧密合作伙伴关系、共同反抗恐怖主义袭击的典型范例。

图 3-12 洛杉矶警察局的 iWATCH 手机 APP

洛杉矶警察局的 iWATCH 系统是一个移动应用程序，允许公民用自己的手机和电脑将有关犯罪或者可疑活动行为的信息、图片和视频等内容上传给执法部门。iWATCH 系统要求用户提供关于可疑行为的以下线索，需要注意的是，该系统不允许在提供的信息和线索中带有性别、道德以及宗教偏向。

(1) 发生的时间?

(2) 发生的地点?

(3) 你看见了什么?

(4) 描述一下都涉及什么人? 是男性还是女性? 身高、头发颜色、皮肤颜色、年龄等? 讲的是英语还是其他语言?

(5) 是否有车? 如果有，能提供车辆信息和车牌号码吗?

(6) 你发现他们以前有类似的活动吗?

4. 恐怖主义联络官（Terrorism Liasion Officers）。恐怖主义联络官旨在联络更多的人接受培训，培训如何观察发现可疑行为、如何报告、如何将打击犯罪和反恐工作有效地结合在一起，并进行公共数据信息收集。

5. 穆斯林论坛。洛杉矶警察局制作纪录片介绍日常工作，向穆斯林居民传达警察局是如何保护和服务社区的，改善穆斯林居民与警察局的关系，开辟与穆斯林社区沟通的渠道，回应他们的要求和意见，希望获得他们对警察局工作的支持。

第四节　反恐策略的总结

“9·11”事件之后，从联邦政府到地方执法机构都成立了一系列反恐机构，出台了一系列反恐措施。这些机构和措施的背后都贯穿以下几条反恐策略:

一、信息融合和共享

信息融合和共享是反恐行动中最为关键的部分，也是贯穿于各级反恐机构、措施和行动的主线。在每个州设立反恐信息融合中心，可以有效快捷地整合和分析来自不同渠道的信息。

二、使用高效的情报分析工具

州级和地方警察局的反恐和日常警务越来越依赖于情报和信息，迫切需要高效的信息分析和数据挖掘工具，对海量信息进行整理、分析、过滤、融合、挖掘和浓缩，转化成有用的情报，为科学的决策提供可靠依据，实现对恐怖活动和计划的有效打击。现在，越来越多的警察局在采用情报引导型的警务模式，高效的情报分析显得尤为重要。

三、整合全部犯罪险情的反恐策略

恐怖分子，尤其是本土的恐怖分子，生存在社区这个大的环境中想要进行恐怖袭击。恐怖也是需要谋划和准备的。因此，美国执法部门一致认为，很多类型的犯罪，包括贩毒、洗钱、欺诈、盗用身份等都和恐怖主义之间有千丝万缕的联系，有一个内在的关联网络。为了有效地打击恐怖主义和相关的犯罪行为，各级执法部门采取了一种“整合全部犯罪险情”的反恐策略。在日常警务中，一线警员会对恐怖组织的异常行为等蛛丝马迹进行特别关注、跟踪和深挖，并把重要线索通过各种信息整合、融合和共享平台提交给上级反恐机构，分享给其他执法人员，实现对恐怖分子的全面深入打击。

四、社区反恐策略

与整合全部犯罪险情的反恐策略相呼应的是社区反恐策略。美国执法部门推出的可疑活动报告系统和民众举报系统就是发动社区民众的力量收集与汇总有关恐怖计划和活动的信息。同时，社区反恐策略旨在对民众进行反恐教育，提升他们的反恐意识，赢得他们对执法部门的反恐行动的大力支持。

第四章 美国警察的群众路线——社交媒体建设

根据卡普兰（Kaplan）和海依能（Haenlein）的定义，“社交媒体是一系列基于 Web 2.0 理念和方法的互联网应用，使用户能够自己创建和分享内容”。在过去的 10 多年里，社交媒体的出现给个人、群体和组织的通信和互动方式带来了巨大的改变。社交媒体的成功应用给政府部门，尤其是给执法部门带来了巨大的好处，有利于提升工作效率、促进沟通、增强责任感和工作透明度、加强社区互动、提高民众参与度、提高民众对政府执法部门的信任。近年来，社交媒体在美国警务工作中应用广泛且发展迅速，尤其在协助破案、处理突发事件、灾难救援、预防犯罪、警民互动、树立部门形象、警员招聘等方面发挥越来越大的作用。本章通过对社交媒体在美国警务工作中的使用现状进行梳理分析，介绍美国警用社交媒体的基本特性和使用策略，并结合实际应用案例，深入探讨社交媒体在美国警务工作中的重要意义，并总结美国警用社交媒体建设过程中的机遇和挑战，这对我国公安部门社交媒体建设具有借鉴意义。

第一节 社交媒体在美国警务中的应用

2014 年 1 月，皮尤研究中心发布调查报告称：74%的美国网民使用社交媒体。2014 年秋季，国际警察局局长协会（International Association of Chiefs of Police，IACP）通过电子邮件问卷调查的方式对 46 个州共计 600 个执法机构社交媒体的使用情况进行了第 5 次调查。结果表明，全美 600 个执法机构中有95%正在使用社交媒体；82.3%的警察局把社交媒体应用于刑事案件调查；还未使用社交媒体的执法机构中的55.9%正在考虑使用，已经使用的警察局中有71.7%制定了社交媒体使用制度，12.2%的正在制定。78.8%的执法机构认为，社交媒体可以帮助他们有效侦破犯罪问题；77.5%的执法机构认为使用社交媒体有助于改善与社区之间的关系。

图4-1　网络社交平台脸谱、YouTube、推特

表4-1列出2010年-2014年美国警用社交媒体使用状况。可以看出，在过去几年里，社交媒体的使用比例得到稳步增长。2010年全美81.1%的警察局都使用社交媒体，2014年增长到95%；脸谱（Facebook）的使用率从2010年的66.8%增长到2014年的95.4%；推特（Twitter）的使用率从2010年的29.8%增长到2014年的66.4%。有具体使用和管理制度的警察局比例从2010年的35.2%增长到2014年的71.7%。

表4-1 2010年-2014年美国警用社交媒体使用情况

	2010年	2011年	2012年	2013年	2014年
使用社交媒体的警察局比例	81.1%	88.1%	92.4%	95.9%	95. 0%
Facebook 使用比例	66.8%	75.5%	90.0%	92.1%	95.4%
Twitter 使用比例	29.8%	33.6%	49.6%	64.8%	66.4%
YouTube 使用比例	17.6%	18.0%	37.3%	42.9%	38.5%
有社交媒体使用制度的警察局比例	35.2%	48.6%	61.9%	69.4%	71.7%

表4-2列出了2010年-2014年社交媒体在各种警务工作中的具体应用比例。可以看出，社交媒体在刑侦、公告犯罪信息、社区互动方面得到了广泛的应用。2010年到2014年，社交媒体在各项警务工作中的应用增长显著。2010年警用社交媒体应用于刑侦调查的占62. 3%，2014年增长到85. 5%；2010年有40. 6%的社交媒体应用于社区互动，到2014年增长到77. 8%；在处理紧急和灾难救援上，从2010年的40. 3%增长到2014年的73. 6%。

表4-2 2010年-2014年美国警用社交媒体应用类别所占比例对比

应用类别	2010年	2011年	2012年	2013年	2014年
刑侦	62.3%	71.1%	77.1%	86.1%	85.5%
监控	无	32.0%	35.5%	45.7%	49.2%
情报获取	无	56.6%	61.7%	66.1%	67.9%
征集破案线索	40.0%	40.1%	56.8%	64.9%	67.9%
公告犯罪信息	44.0%	49.9%	63.7%	74.3%	78.9%
紧急和灾难信息	40.3%	44.1%	57.1%	69.0%	73.6%
预防犯罪	40.5%	45.6%	58.5%	66.7%	72.2%
社区互动	40.6%	47.2%	61.8%	70.4%	77.8%
公关形象塑造	37.4%	42.9%	59.0%	69.4%	75.6%
警员培训	5.6%	9.4%	8.1%	6.3%	5.7%
警员招聘	23.2%	25.9%	34.1%	42.9%	50.2%
警员背景调查	37.0%	43.9%	51.1%	49.0%	54.2%

表4-3 列出了美国警察局每周在社交媒体管理上的投入时间。例如，2010年，有82.0%的警察局每周花1-5小时用于社交媒体管理，投入6-10小时的占14.2%，10-20小时的只占2.3%；2014年，每周投入6-10小时的警察局比例增至19.9%，10-20小时的增长到了8.8%。可以看出，警察局在社交媒体上投入的时间越来越多。

表4-3　2011年-2014年美国警察局在社交媒体上每周投入时间分布

管理时间	2011年	2012年	2013年	2014年
1-5小时	82.0%	74.9%	62.6%	65.9%
6-10小时	14.2%	16.9%	20.2%	19.9%
10-20小时	2.3%	6.7%	10.9%	8.8%
20-30小时	0.9%	0.8%	2.6%	2.6%
30-40小时	0.4%	0.2%	1.4%	1.3%
>40小时	0.2%	0.4%	2.3%	1.5%

表4-4 列出了2014年美国警察局内部社交媒体管理人员的分配情况。39.3%的社交媒体由公共信息官负责，24.1%的由警察局局长负责，26.7%的由指挥中心人员负责。

表4-4　2014年警用社交媒体管理人员情况

社交媒体管理人员	所占比例
公共信息官（Public Information Officer）	39.3%
犯罪预防官（Crime Prevention Officer）	10.7%
社区警务人员（Community Policing Officer）	8.8%
警察局局长（Chief Executive）	24.1%
指挥中心人员（Command Staff）	26.7%
文职雇用人员（Civilian Employee）	21.3%
警官（Officer）	18.2%
其他	10.5%

第二节　美国主要警察局的社交媒体使用现状

为了深入了解社交媒体在美国警察局的使用情况，我们选取美国33个大城市警察局的官方警用社交媒体，Facebook、Twitter和YouTube，从官方主页上摘取原始数据，如创建时间、粉丝数、转发数、点赞数、发帖内容、帖子活跃度等因素，进行统计分析和对比，综合客观地阐述美国警用社交媒体的使用现状。同时，从美国人口普查局和联邦调查局获取警察局所在城市的人口数量、年龄结构、教育水平、犯罪率和警察人数等基本数据，将城市基本数据和警用社交媒体的活跃度指标进行相关性分析，探寻警用社交媒体活跃度的深层原因。这对我国警用社交媒体建设具有借鉴和参考意义。

我们选取Facebook、Twitter和YouTube为样本，因为这三种社交媒体在美国警察局使用率最高。根据国际警察局局长协会调查显示，2010年使用比例分别为66.8%、29.8%和17.6%，五年内使用比例持续增长，到2014年使用比例分别达到95.4%、66.4%和38.5%。

一、目标城市及警用社交媒体基本数据分析

根据美国人口统计局（United States Census Bureau）2013年人口普查结果，选取排名前33名的大城市，其中纽约市人口最多，8405837人；其次是洛杉矶市，3884307人；排名第33名的是图森市，526116人。

（一）警用社交媒体基本信息介绍

表4-5列出每个警察局的官方Twitter账号、Facebook账号、YouTube频道和网络链接。33个城市的警察局都创建官方Twitter，命名方式均为“@名称”，如纽约警察局的Twitter名称为@NYPD，NY为纽约（New York）的缩写，PD是警察局（Police Department）的缩写。从名称上看，大多数警察局都是以城市名称缩写加POLICE或PD来命名。除了阿尔伯克基，其他32个警察局均创建了Facebook官方账号，账号为www.facebook.com加“/警察局名称”，Facebook命名方式和Twitter基本一致，即城市名缩写加警察局名称。例如，纽约警察局Facebook账号是www.facebook.com/NYPD。警察局官方YouTube频道为https://www.youtube.com/user加“/警察局名称”，如纽约警察局的YouTube主页链接是www.youtube.com/user/insideNYPD。

表 4-5 美国 2013 年人口数量前 33 名城市警察局的 Twitter 账号、Facebook 账号和 YouTube 频道

城市警察局	Twitter 账号	Facebook 账号	YouTube 账号
纽约	@ NYPDnews	/NYPD	/insideNYPD
洛杉矶	@ LAPDHQ	/thelapd	/LAPDONLINE1
芝加哥	@ Chicago_ Police	/ChicagoPoliceDepartment	/PoliceChicago
休斯敦	@ houstonpolice	/Houstonpolice	/houstonpolicedept
费城	@ PhillyPolice	/phillypolice	/PhiladelphiaPolice
凤凰城	@ phoenixpolice	/phoenixazpolice	/phxpd
圣安东尼奥	@ SATXPolice	/SanAntonioPD	/SAPDMSVC
圣地亚哥	@ SanDiegoPD	/sandiegopolicedepartment	/SanDiegoPoliceDepartment
达拉斯	@ DallasPD	/DallasPD	/DallasPoliceDept
圣何塞	@ SanJosePD	/SanJosePD	/SANJOSEPOLICE
奥斯丁	@ Austin_ Police	/AustinPolice	/APDOCL
印第安纳波利斯	@ IMPD_ News	/IMPDNews	/IMPDWatch
杰克逊维尔	@ JSOPIO	/JacksonvillePoliceDepartment	无
旧金山	@ SFPD	/sanfranciscopolice	/sanfrancisoPD
哥伦布	@ ColumbusPolice	/ColumbusPolice	/TheColumbusPolice
查洛特	@ CharlotteFLSher	/CCSOFLSheriff	无
沃思堡	@ fortworthpd	/FWPOA	/FWPDrecruiting
底特律	@ detroitpolice	/detroitpolice	/DPDPublicInfo
埃尔帕索	@ EPPOLICE	/EL-PASO-POLICE-DEPARTMENT	无
孟菲斯	@ mpdMemphis	/mpd1827	/MemphisPD
西雅图	@ SeattlePD	/SeattlePolice	无

续表

城市警察局	Twitter 账号	Facebook 账号	YouTube 账号
丹佛	@ DenverPolice	/denverpolice	/DenverPoliceDept
华盛顿	@ DCPoliceDept	/DCPolice	/OfficialDCPolice
波士顿	@ bostonpolice	/BostonPoliceDepartment	/BPDnews
纳什维尔	@ MNPDNashville	/nashvillepolicenc	无
巴尔的摩	@ BaltimorePolice	/Baltimore-Police-Department	/BPDMEDIAUNIT
俄克拉荷马	@ okcpd	/okcpd	无
路易斯维尔	@ jeffcosheriffco	/JeffersonCountySheriff	无
波特兰	@ PortlandPolice	/portlandpolice	/portlandpolice
拉斯维加斯	@ LVMPD	/LasVegasMetro	/LasVegasPolice
密尔沃基	@ MilwaukeePolice	/milwaukeepolice	/MilwaukeePolice
阿尔伯克基	@ ABQPOLICE	无	无
图森	@ Tucson_ Police	/TucsonPoliceDepartment	/TucsonAZPD

（二）警用社交媒体创建时间对比分析

从图 4-2、图 4-3、图 4-4 中可以看出 33 个警察局的三种社交媒体创建时间及运行月数。图 4-2 表明，波特兰警察局创建 Twitter 时间最早，于 2008 年 4 月创建；其次是密尔沃基警察局的 Twitter，于 2008 年 10 月创建；最晚创建的是圣安东尼奥警察局，于 2012 年 9 月创建。从图 4-3 可以看出，最早创建 Facebook 的警察局是密尔沃基警察局，于 2008 年 3 月创建；最晚的是圣地亚哥警察局，于 2012 年 8 月创建。从图 4-4YouTube 的创建年月可以看出，最早的是巴尔的摩警察局，于 2006 年 8 月创建；其次是凤凰城警察局，于 2006 年 11 月创建 YouTube；查洛特警察局的 YouTube 创建最晚，于 2014 年 10 月创建。通过创建时间比对，可以看出创建 Twitter 较早的警察局，同时创建 Facebook、YouTube 也较早，如密尔沃基警察局。

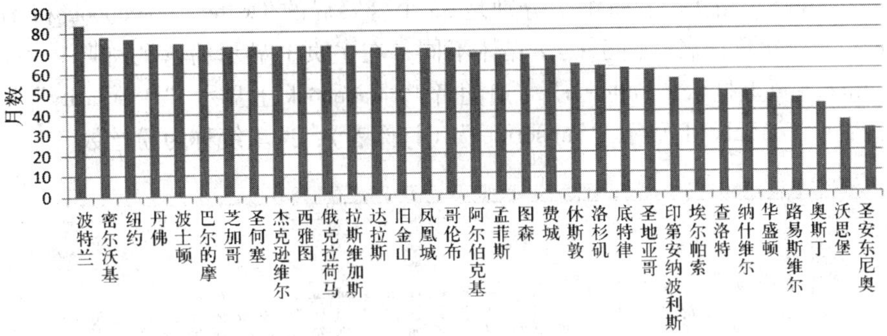

图 4-2　警察局 Twitter 创建时间分布

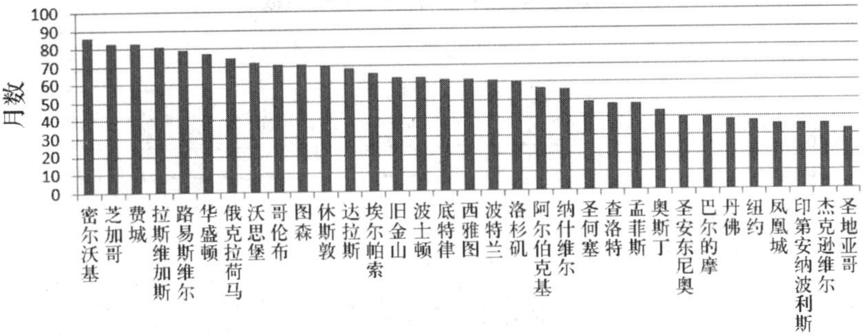

图 4-3　警察局 Facebook 创建时间（月数）

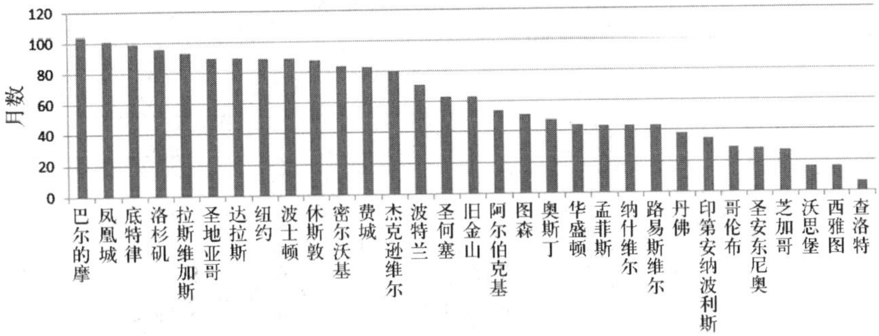

图 4-4　警察局 YouTube 创建时间

（三）粉丝数和所在城市人口数成正比

图 4-5、图 4-6、图 4-7 分别是 33 个警察局的 Twitter、Facebook 和 YouTube 的粉丝数排名，由于社交媒体不同，在主页上显示粉丝的称呼也不同，Twitter 主页上显示“Follower”（追随者），Facebook 上显示“Popularity”（人气数），YouTube 上显示“Subscriber”（订阅者），这里统称为粉丝数。

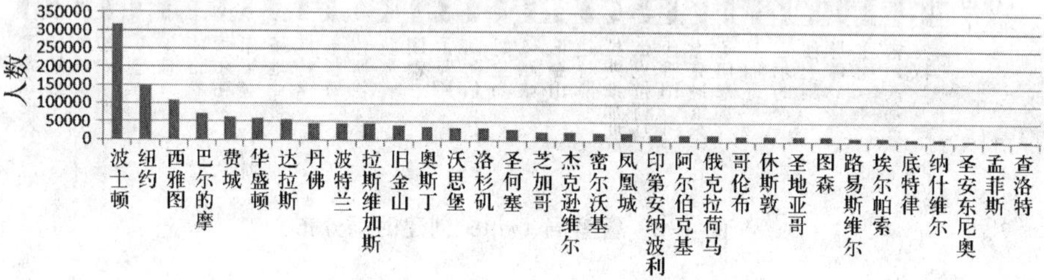

图 4-5 警察局 Twitter 粉丝数

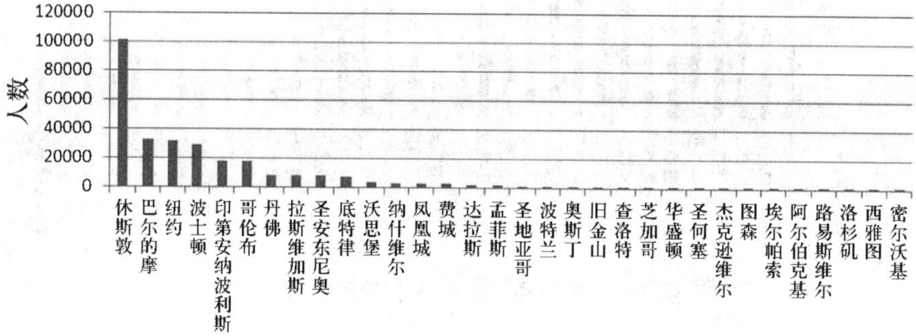

图 4-6 警察局 Facebook 人气数

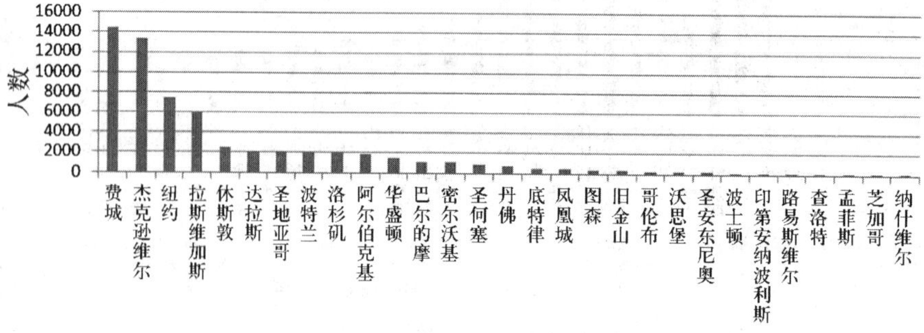

图 4-7 警察局 YouTube 订阅人数

从图 4-5 中可以看出，33 个警察局的官方 Twitter 中粉丝数最多的是波士顿警察局，波士顿人口总数为 645966 人，粉丝数为 317391 人，占 49%；粉丝人数最少的是查洛特警察局，查洛特人口排名 16 位，人口总数为 792862 人，粉丝数为 1286 人，占总人口的 0.16%。

从图 4-6 可以看出，Facebook 粉丝数最高的是休斯敦警察局，共 101674 人，休斯敦人口总数是 2195914 人，占 4.6%；巴尔的摩警察局、纽约警察局和波士顿警察局差别不大，粉丝数为 30000 人左右；人气最低的是西雅图警察局和密尔沃基警察局，均在 100 人以下。

从图 4-7 可以看出，YouTube 订阅人数最高的为费城警察局，共 14412 人，费城人口总数是 1553165 人，占 0.92%；订阅人数最少的是纳什维尔警察局，仅有 1 人，人口总数是 634464 人，占人口比例为 0。

对警用社交媒体的粉丝数和警察局所在城市的人口比例进行对比分析可以发现，粉丝数在前十五名的警察局和人口排前 15 名的城市是基本相同的，除了纽约和阿尔伯克基，因此粉丝数和人口数还是有一定关系的。

二、警用社交媒体活跃度分析

社交媒体的活跃程度指标包括发帖数、平均每天发帖数、帖子转发数、点赞数、视频观看次数和单贴最高转发数等。

（一）发帖数分析警用社交媒体重视程度

图 4-8、图 4-9、图 4-10 分析比较了 33 个警察局的 Twitter、Facebook 发帖总数，以及 YouTube 发布视频的总数。

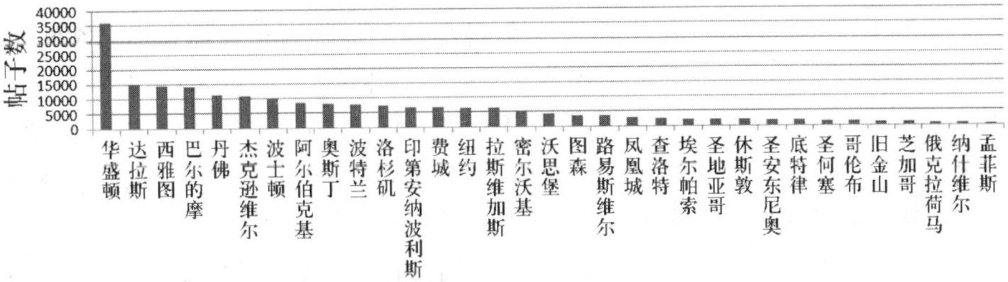

图 4-8　警察局 Twitter 发帖总数

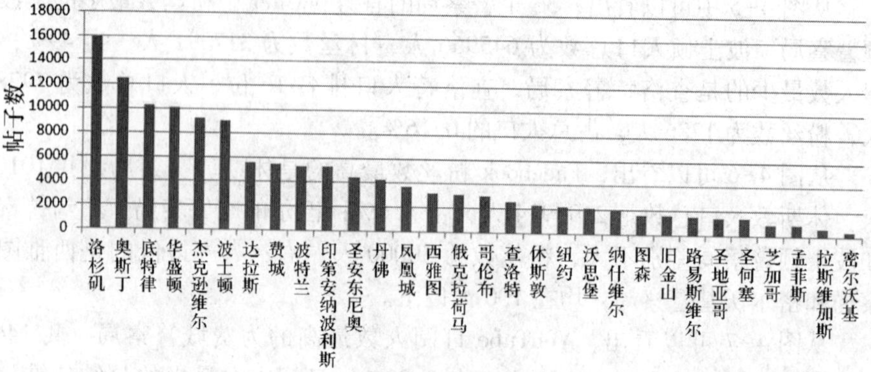

图 4-9 **警察局 Facebook 发帖总数**

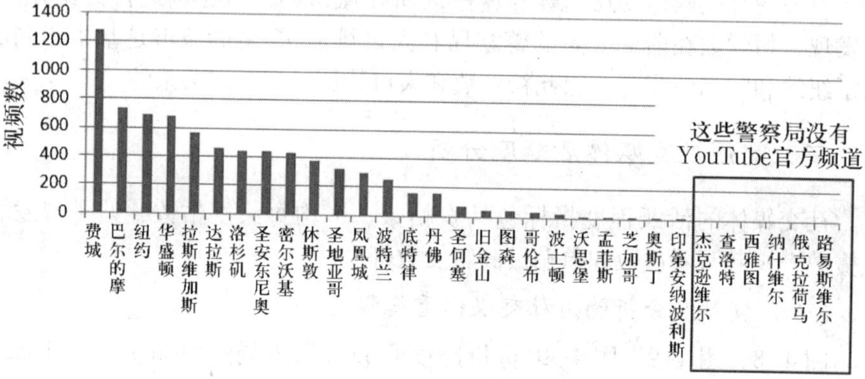

图 4-10 **警察局 YouTube 发布视频总数**

从图 4-8 可以看出，Twitter 发帖数最高的是华盛顿警察局，为 35878 条；第二名是达拉斯警察局，为 15295 条；最后一名是孟菲斯警察局，仅为 39 条。平均每天发帖少于 1 条的为 7 个警察局，每天 10-19 条、10-20 条、20-30 条的各为 1 个警察局。平均单天发帖数最高的是华盛顿警察局，为 28.57 条，发帖最少的是孟菲斯警察局，为 0.02 篇。

从图 4-9 可以看出，Facebook 发帖数最高的是洛杉矶警察局，共 15891 条，平均每天 18.43 条，共计 86 个月；发帖数最低的是密尔沃基警察局，创建 36 个月仅发布 400 条，平均每天发帖数仅为 0.37 条，但是若统计平均单天发帖数，最高的是华盛顿警察局，为 48.69 条，创建 48 个月以来共计发帖 10114 条。

从图 4-10 可以看出，33 个警察局中有 8 个警察局没有创建 Youtube，费城警察局的发帖总数最高，为 1277 条。发帖总数在 600 条以上的三个警察局分别是巴尔的摩警察局、纽约警察局和华盛顿警察局；少于 10 条的共有四个警察局，即孟菲斯警察局、芝加哥警察局、奥斯丁警察局和印第安纳波利斯警察局。

从发帖数量可以看出警察局对社交媒体的重视程度。重视程度高的警察局对三种社交媒体都很重视，不重视的警察局虽然创建了社交媒体但缺乏有效的经营和管理。例如，华盛顿警察局的 Facebook 创建仅仅 48 个月，但平均单日发帖达到了 48.69 条，而且 Twitter 发帖总数也位居第一，但孟菲斯警察局在三种社交媒体的发帖总数上都在最后。

（二）通过点赞数、转发数、观看次数分析互动性

点赞数、转发数以及观看次数体现了警用社交媒体的互动性，是警用社交媒体活跃度的重要指数。图 4-11 显示了 33 个警察局 Twitter 帖子的平均点赞数和平均转发数，将两个平均值相加的总和作为 Twitter 活跃度的一个指标。图 4-12 是 33 个警察局 Facebook 点赞数，体现了警察局和粉丝的互动情况，是活跃度的重要指标之一。图 4-13 显示了 YouTube 观看次数。

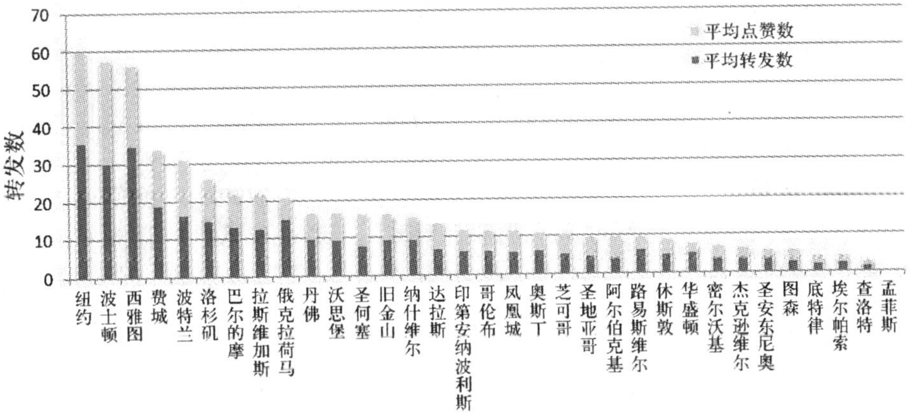

图 4-11　警察局 Twitter 平均点赞数和平均转发数对比

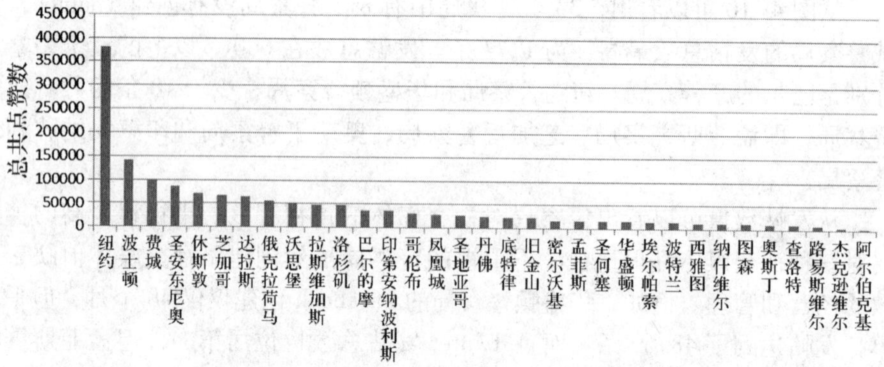

图 4-12 警察局 Facebook 点赞数对比

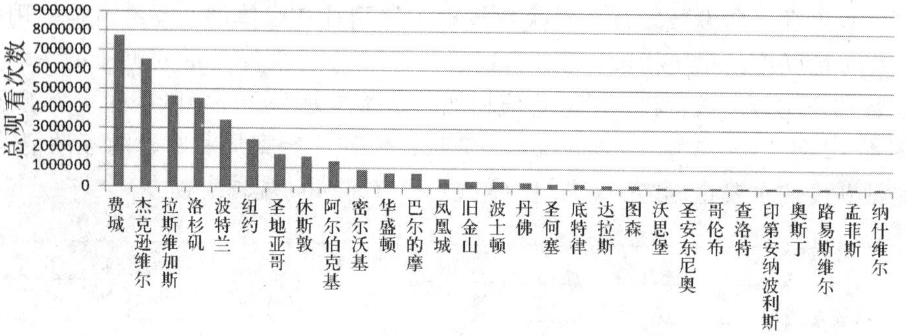

图 4-13 警察局 YouTube 视频观看总次数对比

Twitter 单贴平均收获点赞数加平均转发数之和接近 60 的三个警察局分别是纽约警察局、波士顿警察局和西雅图警察局。Twitter 活跃度最高的是纽约警察局，总和达到 56；倒数第二位的是查洛特警察局，活跃度为 2.71；活跃度最低的是孟菲斯警察局，活跃度为 0，原因是孟菲斯警察局 Twitter 创建时间为 2009 年 8 月，只经营了一个月，共发布 39 条警务信息，2 条转发、2 个点赞。Twitter 被转发率最高的是波士顿警察局，达到 92%，转发率为 80-90% 的有三个警察局：纽约警察局 86.5%、芝加哥警察局 85% 和纳什维尔警察局 81%；转发率最低的是孟菲斯警察局，仅为 2%。Facebook 点赞数悬殊较大，获得点赞数最多的是纽约警察局，达到 381456 次，而位于第二名的波士顿警察局为 140539 次，其他警察局比较平均，集中在 3 万次左右，最后两位是杰克逊维尔警察局和阿尔伯克基警察局，分别是 5676 次和 3629 次。YouTube 观看次数最高的是费城警察局，为 7778779 次，第二名是杰克逊维尔警察局，为 6562547 次，最少的为纳什维尔警察局仅有 490 次，其次是孟菲斯警察局、路易斯维尔警察局、奥斯丁警察局、印第安纳波利斯警察局和查洛特警察局。结合前文可以发现观看次数与订阅人数是基本吻合的。

三、警用社交媒体内容分析

（一）Twitter 内容分类分布

利用 Twitter 分析工具 TweetStats① 选取每个警察局被转发次数最多的 30 条热门帖子，将 33 个警察局共计 990 条帖子进行内容分析，分析热门帖子的类别分布情况。

如图 4-14 所示，将 990 条帖子的内容进行编码分类，总结出六大类型。编码 1 是重大突发事件，包括重大案件、赛事、重大节日或纪念活动；编码 2 是信息提示，包括公共场所安全提示、恶劣天气提示、道路交通安全提示；编码 3 是警务新闻，包括日常警务活动、领导讲话、呼吁群众协助调查、案件调查进展、警员招录等；编码 4 是警民互动，包括社区活动、民众表达感谢和支持、好人好事、慈善捐款活动等；编码 5 是警员风采，包括警员晋升、表彰、牺牲、退休等；编码 6 是其他，包括图片、视频分享及所有其他转发内容。分析后可以看出 33 个警察局中编码 3“警务新闻”占 35%，比例最大，其中 90%的内容为呼吁群众协助寻找嫌疑人、走失人口、丢失儿童等，这类帖子在警用社交媒体的标签为“Amber Alert”（通告）；编码 5“警员风采”占 24%，但绝大部分内容是警员牺牲，或悼念牺牲警员纪念日，帖子的标签为“Blue Line”（蓝色生死线）；编码 2“信息提示”占 19%，内容集中在安全提示（Tips）和恶劣天气预警、暴雪或龙卷风等。

---

① Twitter 内容分析工具：www.tweetstats.com。根据 Twitter 公司的内容限制条件，外部工具只能下载最近的 3200 条 Twitter。

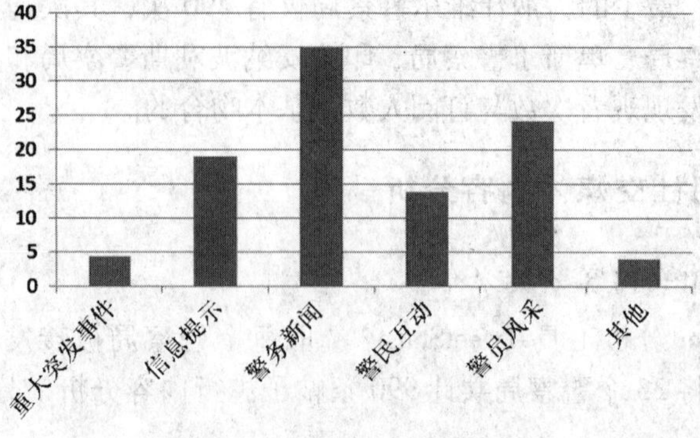

图 4-14 警察局 Twitter 热门帖子内容分布

通过内容分析得出，与粉丝互动性较高的帖子主要集中在呼吁协助寻找嫌疑人、走失儿童等，以及对已逝警员的悼念。由此可知，粉丝喜欢参与警察局的活动，他们有很大的热情，有强烈的正义感和同情心，同时对警察局工作很认可。

（二）最高单贴转发数和最高观看次数内容分析

图 4-15、图 4-16、图 4-17 显示了 33 个警察局被转发次数最多、收到评论数最多、收获点赞数最高，以及观看次数最高的帖子，通过内容分析，得出哪类帖子的粉丝互动性最强。

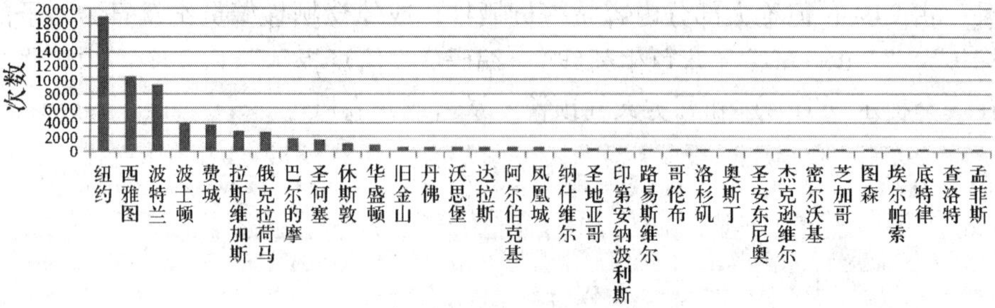

图 4-15 警察局 Twitter 最高单贴转发次数对比

图 4-15 显示 Twitter 最高单贴转发次数，其中纽约警察局单贴被转发次数最高，为 18928 次，其内容是编码 3“警务新闻”中的协助调查。警察局用固定标签“wanted”（通缉），呼吁市民帮助警察局协助查找“一个六英尺高，200 磅左右，抢劫手机后逃跑的男子”，这则消息被转发上万次。其次是纽约

警察局华裔警察刘文建在执勤过程中被短距离枪击身亡，这个事件引起了警察界的轰动，几乎33个警察局的Twitter都予以转发，并表示悼念，还有部分警察局派代表参加了刘文建的葬礼，这属于内容编码5中的“警员牺牲”。再次是西雅图警察局，转发次数最高单帖为10512次，内容是美国一年一度的橄榄球超级杯大赛。

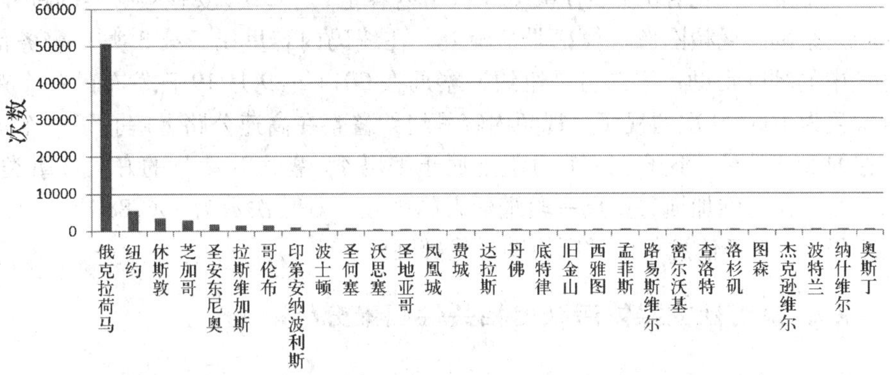

图4-16 警察局Facebook单帖最高热度（点赞数+评论数+转发总数）

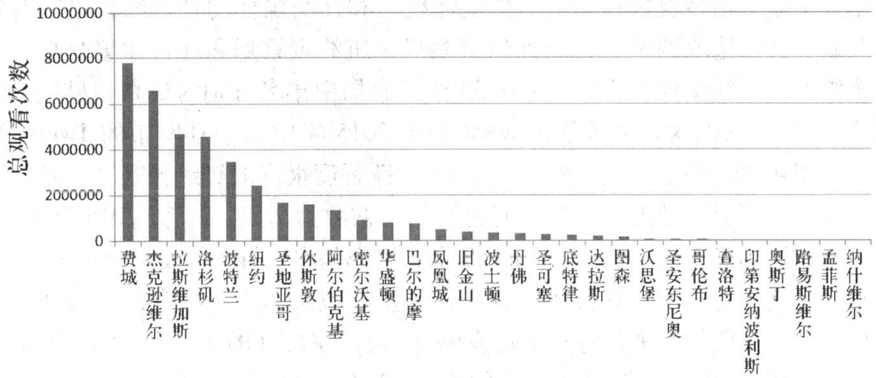

图4-17 警察局YouTube视频观看总次数对比

将Facebook单帖平均点赞数、评论数和转发数的总和最高作为最热单帖，从图4-16的分析比对得出，第一名是俄克拉荷马警察局，共50788次，内容是“一个无家可归的妇女带着她的四个孩子睡在车里，俄克拉荷马警察局帮她寻找住处，给她的汽车加满了汽油，并给她的孩子买了玩具”，这属于编码4“警民互动”中的好人好事。纽约警察局最高转发单帖是一段视频，内容为

“纽约警察局的一个探长，通过高超的危机交流策略成功说服了一个在桥上试图自杀的妇女”。休斯敦警察局最高的转帖是“邀请年仅6岁身患绝症的女孩到警察局活动，并为她祈祷。”

从图4-17可以看出，YouTube观看次数最高的分别是费城警察局、杰克逊维尔警察局和拉斯维加斯警察局。费城警察局观看次数最高的视频是2014年2月发布的，观看次数为1481694次，内容是一个22岁女孩被绑架的过程，呼吁大家按照视频图像寻找犯罪嫌疑人，在编码内容里属于第3类“警务信息”中的呼吁帮助；第二名是纽约警察局在2014年9月19日发布的一个观看次数为166329次的视频，视频内容是纽约警察在高速公路上解救了一个被卡住的女驾驶员，这个在内容分类上属于编码4“警民互动”的好人好事类；第三名是拉斯维加斯警察局一段嫌疑人的视频，观看次数为756788次，也属于编码3“警务信息”的呼吁协助寻找嫌疑人。

四、警用社交媒体活跃度相关性因素分析

（一）社交媒体活跃度和日常经营投入密切相关

一般认为，警用社交媒体的活跃程度（代表性指标包括Twitter帖子被转发率、单帖平均转发数和单帖平均点赞数）和社交媒体的日常经营投入有密切关系。我们选取两个有代表性的警察局：纽约警察局和底特律警察局，这两个警察局的社交媒体活跃程度在33个警察局中排名分别为最高和最低。利用TweetStats获取这两个警察局2008年至2015年中每个月发布的Twitter数量，如图4-18所示。可以看出，Twitter活跃程度很高的纽约警察局每月发布的Twitter帖子数量在稳步递增，每月平均发帖数为72.5条；到2015年4月，总发帖数达到372条，并且在之前28个月里都基本保持每月发帖超过100条。Twitter活跃程度很低的底特律警察局每月发帖数量非常不稳定，大部分时间保持在一个很低的水平，每月平均发帖29条，在统计的71个月里，只有13个月发帖超过30条，有13个月发帖低于10条。

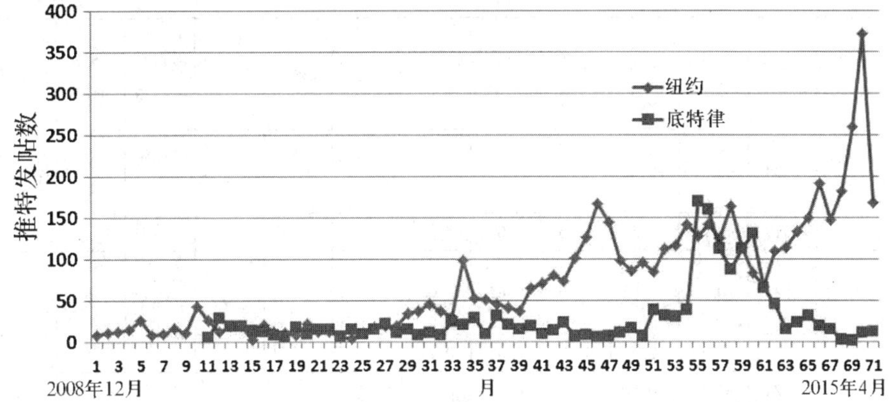

图 4-18 纽约警察局和底特律警察局每月发帖总数对比

（二）警用社交媒体活跃度和城市基本数据的相关性分析

通过收集整理 33 个大城市的 7 个主要数据：总人口数、家庭平均收入、贫困线人口比例、低于 18 周岁的人口比例、受教育水平、犯罪率和警察人数，与社交媒体的 5 个活跃度指标：创建时间、发帖数、粉丝比率、帖子活跃度和粉丝数，进行一对一的相关性分析和显著性检验。

表 4-6 列出了这些指标之间的相关性系数（r）。相关性系数 r 超过 0. 5 或者低于-0. 5，表明这两个指标之间存在比较强的相关性。同时，计算概率值 p，如果相应的 p 值小于 0. 05，可以认为该相关性假设成立，或者说该假设不成立的概率小于 0. 05。从该表可以看出：

表 4-6 警用社交媒体指标和所在城市主要数据分析相关性系数（r）

	家庭平均收入	贫困人口比例	<18 周岁人口比例	大学生人口比例	粉丝比率	帖子活跃度	发帖数	粉丝数	警察数	城市总人口数	创建时间	犯罪率
家庭平均收入	1. 00											
贫困人口比例	-0. 83	1. 00										
<18 周岁人口比例	-0. 56	0. 41	1. 00									

续表

	家庭平均收入	贫困人口比例	<18周岁人口比例	大学生人口比例	粉丝比率	帖子活跃度	发帖数	粉丝数	警察数	城市总人口数	创建时间	犯罪率
大学生人口比例	0.44	-0.37	-0.62	1.00								
粉丝比率	0.19	-0.08	-0.50	0.25	1.00							
帖子活跃度	0.31	-0.30	-0.52	0.20	0.62	1.00						
发帖数	0.22	-0.12	-0.43	0.27	0.35	0.21	1.00					
粉丝数	0.24	-0.13	-0.50	0.21	0.90	0.81	0.34	1.00				
警察数	0.19	-0.11	-0.08	-0.06	-0.09	0.50	0.02	0.32	1.00			
城市总人口数	0.12	-0.12	-0.02	-0.08	-0.17	0.45	-0.06	0.25	0.96	1.00		
创建时间	0.05	0.02	-0.27	0.09	0.24	0.39	0.01	0.31	0.20	0.14	1.00	
犯罪率	-0.07	0.13	0.01	-0.19	-0.18	0.32	-0.09	0.18	0.88	0.89	0.19	1.00

1. 青少年人口比例（低于18周岁）和粉丝数存在一个负相关（$r=-0.50$，$p=0.003$），和帖子活跃度有负相关（$r=-0.52$，$p=0.002$），可以解释为低于18周岁的青少年群体对警用社交媒体的参与度和兴趣不如成年人，成年人更加关注家庭、社区和城市的安全，更愿意参与警察局的各种活动。

2. 粉丝比率和帖子活跃度有较强的正相关（$r=0.62$，$p=0.0001$）；帖子活跃程度和粉丝数也存在显著的正相关（$r=0.81$，$p=0.0001$）。正如图4-5和图4-11显示的33个警察局Twitter的帖子活跃度和Twitter粉丝的关系。这个相关性分析结果表明，粉丝数越多，粉丝之间的互动性和带动效应也越强，参与警用社交媒体的兴趣度和活跃度也越高。

3. 帖子活跃程度和该警察局的警察数存在正相关（$r=0.50$，$p=0.003$）。可以解释为警察局规模越大，如纽约警察局，社交媒体的管理和建设更加完善，参与社交媒体互动的警察也越多，必然也会提升社交媒体的活跃程度。

4. 创建时间和5个社交媒体指标的相关性都很低。这个分析结果表明，警用社交媒体的活跃度和创建时间长短没有直接关系。

5. 城市的刑事犯罪数和Twitter社交媒体活跃程度相关性都很低。该相关性分析表明，并不是城市的犯罪率越高，人们对警用社交媒体的关注度就越高。

6. 从该表中也可以发现，警察数和总人口数存在强烈的相关性（$r=0.96$，$p=0.0001$）；总人口数和刑事犯罪数也存在强烈的相关性（$r=0.89$，$p=0.0001$）。

第三节　警用社交媒体的特性和使用策略

一、警用社交媒体的基本特性

恩盖（Ngai）等对过去10年社交媒体研究中使用的概念模型和框架进行了回顾和整理，这些模型用来解释和分析社交媒体平台上用户的个人行为、社会行为和信息网络化传播行为。戴维斯（Davis）等认为使用警用社交媒体时要把握三个基本特性：范围（Scope）、结构（Structure）和语调（Tone）。

（一）范围

范围特性是指社交媒体的传播范围广、速度快、影响大。在警用社交媒体上发布信息，可以传达给庞大的粉丝群体，若被转发，就可以无限传播扩散，远远超过传统媒体的影响范围和速度，且传播成本低，达到快速通知、提醒、告知等目的，形成强大的社会舆论，获得广泛的社会支持。

图4-19显示了四个美国警察局在Twitter上发布的热门帖子。例如，第一个是西雅图警察局在年度超级碗橄榄球赛时提醒球迷注意安全的帖子，被转发10460次。第二个是波士顿警察局发出的温馨提示，提醒市民在寒冷的冬季要检查轮胎压力，注意行驶安全，被转发了3829次。第三个是圣路易斯警察局发出的紧急天气预警，密苏里州常见的龙卷风要来了，希望大家互相提醒注意并快速转发。第四个是纽约警察局发出的呼吁协助寻找犯罪嫌疑人的帖子，这条帖子被转发了19382次，并获得了6315次点赞。这体现了社交媒体的范围特性，依靠粉丝强大的转发和传播能力，同时省去了传统媒体作为中间人的环节，使传播速度更快、范围更广。

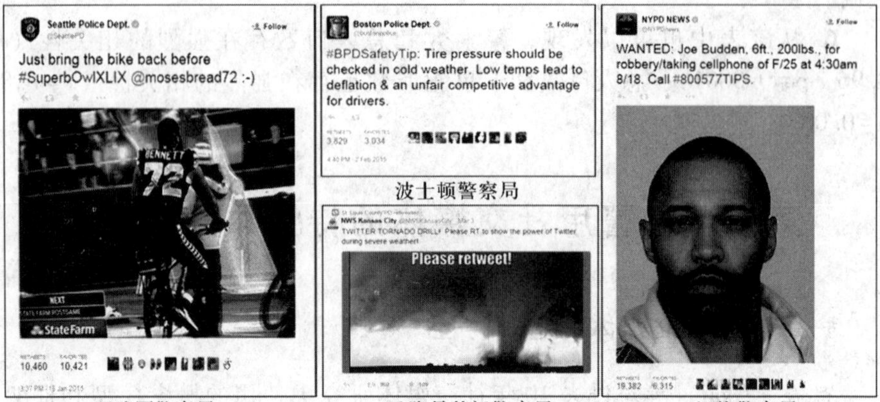

西雅图警察局　波士顿警察局　圣路易基板警察局　纽约警察局

图 4-19　警察局在社交媒体上发布的热门帖子

（二）结构

结构特性是指社交媒体不再是传统媒体的单向传播，而是一个成千上万人可同时参与的多向通信和网络传播平台，每一个人不仅是接收者，而且是信息的创建者。警察部门在使用社交媒体时要充分利用到它的结构特性，利用社交媒体推出的信息一旦被部分受众接受或分享转发，这些受众就会在他们各自的朋友群体内形成讨论并扩大影响，更有益于警方扩大影响实现目标。

2014 年 12 月 20 日，纽约华裔警察刘文建和同事拉莫斯在巡逻车内用午餐，突然遭到 28 岁黑人凶手布林斯利行刑式枪击，当场殉职。该事件发生后，纽约警察局在 Twitter 发布了帖子，很快美国各地警察局纷纷转发（见图 4-20）。例如，洛杉矶警察局的警长查理贝克在转发的帖子中写道：“我们洛杉矶警察局在警徽上系上黑色绷带表示对我们牺牲兄弟的悼念。”圣地亚哥警察局、费城警察局、奥斯汀警察局、达拉斯警察局都转发了该事件，并表示悼念和伤痛。从这可以看出，每个警察局既是信息的接收者，又是信息的传播者，让全美的民众通过各种社交媒体看到警察工作的危险和付出，达到塑造警察局良好形象的目的。

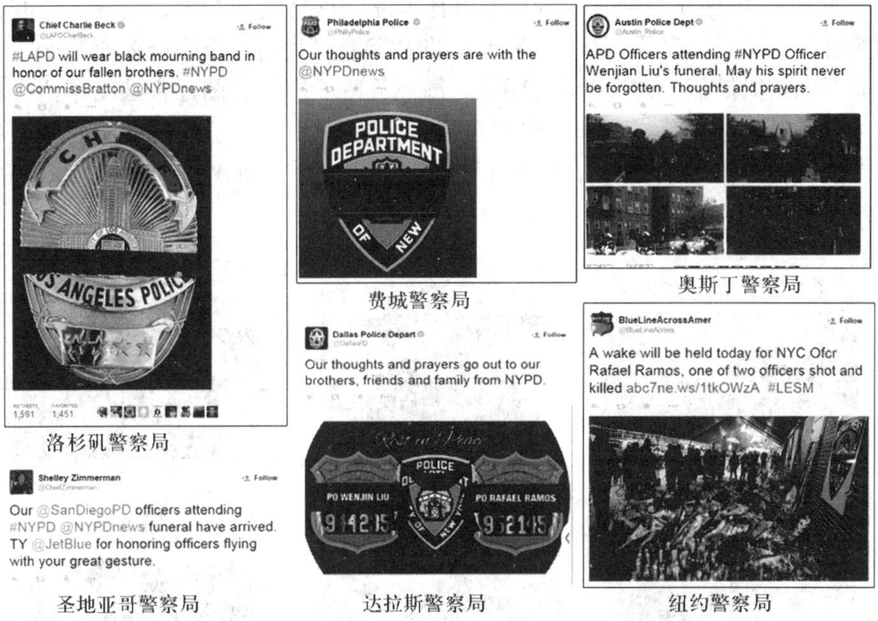

图 4-20 美国各地警察局转发纽约华人警察刘文建在执勤过程中被黑人枪击身亡的消息

（三）语调

社交媒体有其独特的语调特征，即非正式的、对话式的、幽默风趣的、非官僚的。如果不注意社交媒体这一特性，用户的兴趣和接受、参与、互动程度会大打折扣。在社交媒体上，警察使用的语言和传统媒体有很大的不同，不再是官方新闻发布式的语调，而且要避免使用“无可奉告”之类的禁用话语，杜绝使用喝令犯罪嫌疑人时的语调。社交媒体的语言使用有很大技巧性，在对待公众时应使用亲切平和的语言，要诚实诚恳。如果事实并不完全清楚，就大胆地承认，并表示正在调查会将结果及时告诉公众，要高度注意和粉丝的互动情况。

图 4-20 显示了纽约警察局和波士顿警察局发布的警民互动的帖子。帖子 1 和 2 是纽约警察局发布的，用到了“非常可爱（too cute）”和“玩得太开心了（great time）”等词汇，语调亲民、生动，符合社交媒体语言。帖子 3 到 6 是波士顿警察局 2015 年 3 月 15 日在圣帕里克节游行期间执勤的帖子，如帖子 3 写着，“我们的游行执勤人员发现今天大家都举止友好，气氛友善，像一家人一样”。帖子 4 写着“我们波士顿全体警员今天全部致力于维护游行的

和平和安全”。帖子5非常风趣，“当有人说：我是爱尔兰人，请吻我，我们的警官非常乐意，义不容辞”。帖子6的内容是“我们波士顿全体警员今天首要职责就是保护孩子的安全和快乐”。每一条帖子都附有图片，从帖子语言语调可以看出，这些警察局都是以服务者的角度去发布帖子的，表明要服务每一位市民，从照片上可以看出他们与市民关系很好，市民也很支持警察局的工作。

帖子1

帖子2

帖子3

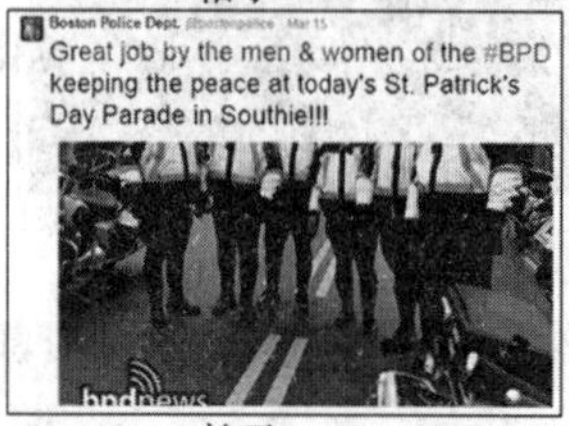

帖子4

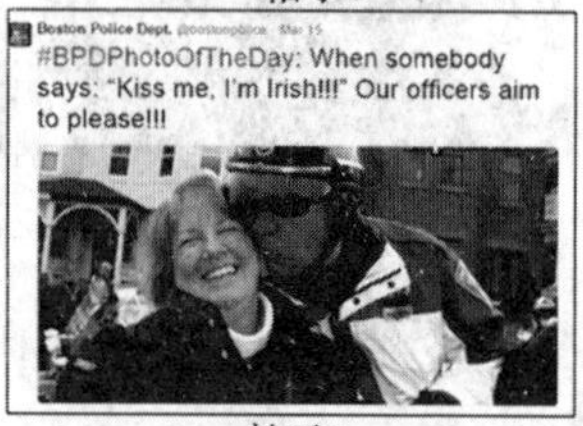

帖子5

帖子6

图4-21 纽约警察局和波士顿警察局的帖子

图4-22是密苏里州圣路易斯警察局在2014年弗格森骚乱期间发出的三条帖子。一条帖子说“目前这是一场非法集会，那些拒绝离开集会现场的人都要被逮捕”！一条是“有人用装满尿的瓶子扔向警察”，并附有图片。还有一条是“武装小组将使用催泪瓦斯疏散恶意集会的人群，因为他们烧毁了警车，试图放火，是非法集会”。从圣路易警察局发布的帖子可以看出，他们语调强硬，都是命令性的，一副高高在上的态度。对于游行示威人群都是用“恶意的人群”“非法集会”“逮捕你”“用催泪瓦斯”等词汇，可以看出他们与市民的关系并不友好，平时也不注重维系与社区之间的关系，缺少与社区的互动。

图 4-22　圣路易斯警察局在弗格森案件中的帖子

二、警用社交媒体使用策略

警用社交媒体的使用策略主要有三种：推送策略（Push Strategy）、征集策略（Pull Strategy）和传播策略（Networking Strategy），但在实际应用中，并不是单一使用某一种策略，而是根据实际需要对这三种策略进行有机的组合，以达到最佳效果。

（一）推送策略

推送策略类似于传统媒体的单向传播，强调主动发布新闻，主动报告活动及案件调查情况，目的在于塑造优秀的警察局形象。推送策略应用成功的代表是波士顿警察局。波士顿警察局使用社交媒体的初衷是他们认为传统媒体的报道总是不够客观，片面的报道有损于警察局的声誉和与社区的关系。波士顿警察局想寻找最有效的途径与市民直接沟通，而不是通过记者与市民沟通，为此创建了警察局官方网站“BPD News”，这个网站是警察局和市民沟通最直接的渠道，之后又创建了官方 Facebook、YouTube 和 Twitter。Twitter 主要应用于民众集会的管控、交通管制等，而 YouTube 更多地应用于警察局官方信息的发布，如各种安全提示、警员晋升和新闻发布会议视频。

（二）征集策略

征集策略是让市民变为警方的传感器和传播者。社交媒体是倾听市民声音、意见和观点的平台，呼吁市民“发出你的图片资料”“请让我们知道”“参与到我们的行动中来”，同时也积极回应市民的要求和疑问。最具代表性的警察局是华盛顿警察局，他们呼吁民众参与警察局的犯罪调查，欢迎与警察局建立长期合作关系，进行社会监督。2009 年华盛顿警察局首次使用 You-

Tube，主要用于招募志愿者和案件调查。自从使用社交媒体后，志愿者的数量比以前多了两倍，警察局将案件的监控视频放在 YouTube 上，呼吁市民帮助寻找线索。通过 Twitter 能迅速联系到市民，通知安全事宜，及时发布通知，并稳定公众情绪。

（三）传播策略

传播策略可以与社区建立更好的互动关系，是强化社区警务策略的有效途径。通过民众的深度参与，达到服务和引导的目的，并提高警察工作的透明度。与推送和征集策略相比，传播策略相对来说不是集权式的，因为市民是政策的实施者和合作者，传播策略是为了和目标受众建立互动关系。例如，利用社交媒体，警察局可以和青少年群体建立深度的互动关系，有效预防青少年犯罪。加拿大多伦多警察局为了宣传交通规则，呼吁市民文明驾驶，他们专门在 Facebook、Twitter 上开辟了交通安全服务专栏。多伦多警察局交通安全服务专栏的 Twitter 账号是@ TRAFFICSERVICES，Facebook 账号是 http://www.facebook.com/TrafficServices。警察局一方面通过社交媒体发布交通事故、提示交通路况、提示系紧安全带、呼吁驾驶安全；另一方面也开辟了群众投诉举报超速违规驾驶行为的渠道，如果接到投诉，警方会赶到现场去执法，或将拍摄的交通违法视频放在 YouTube 上警示民众。

图 4-23 显示了几个警察局在社交媒体使用推送、征集和传播策略的帖子的截图。例如，帖子 1 来自波士顿警察局的官方 Facebook，使用推送策略，讲的是警察与棒球小队员的亲切互动，树立波士顿警察局的亲民形象。帖子 2 属于使用推送策略和传播策略，“One Less Gun”是波士顿警察局开展的“打击非法持有及使用枪支”活动，在这个活动中，警方详细描述了每一次缴获枪支的前后经过，并附有图片，同时也呼吁民众举报犯罪嫌疑人。帖子 3 是巴尔的摩警察局在 2015 年 4 月发生严重骚乱期间发布的，内容是“感谢一个小学送来的点心，盒子上小朋友还写了‘Superman’来赞扬维护社区的警察们”。帖子 4 来自华盛顿警察局的官方 Twitter，属于征集策略，内容是华盛顿警察局求助您，帮助寻找这位走失的女孩，然后附上了女孩的照片、姓名、走失地点、联系电话、外貌特征，语言亲切诚恳，希望市民协助寻找走失女孩。帖子 5 是纽约警察局官方 Facebook 悼念牺牲警员的一个帖子，属于推送策略，在表示悲伤的同时，也让纽约市民看到警员的辛苦与奉献，有助于树立警察局良好形象。帖子 6 也是纽约警察局官方 Facebook 发布的，内容为“本周是国家志愿者周（4 月 12 日-18 日），请加入我们纽约警察局，成为一名志愿者辅警吧”。介绍了志愿者

辅警项目情况，配上志愿者辅警培训照片，同时使用了征集策略和传播策略，呼吁群众参与警察局活动，达到服务和引导的目的。

图 4-23　警用社交媒体帖子截图

第四节　警用社交媒体在突发事件中的应用

社交媒体的成功使用与否对突发事件处理的过程与结果会造成直接和重大的影响。波士顿马拉松爆炸案和弗格森案件对美国社会影响巨大，更是给美国执法体系带来了极大挑战。波士顿马拉松爆炸案被定义为恐怖袭击，是严重的突发事件和重大公共事件，也是社交媒体在重大突发事件中成功应用的标志性案例。弗格森案件中引发的骚乱，体现了美国长期以来存在的种族歧视矛盾，是典型的集体骚乱暴动行为，圣路易斯警察局在该事件中使用社交媒体的失败，激化了警民矛盾，造成了极大的负面影响。

我们选取“一大一小”两个时间窗口，对两个警察局社交媒体原始数据进行分析和对比。选取小的时间窗口，即突发事件发展过程（2013 年 4 月 15 日-20 日的波士顿马拉松爆炸案和 2014 年 8 月 9 日-11 月 31 日的弗格森案件），深入剖析警察局在突发事件过程中社交媒体应用的具体举措。选取大的时间窗口，即包含这两个案件的两年（2013 年 2 月至 2015 年 2 月），对两个警察局在社交媒体的长期建设及效果进行总结分析。警用社交媒体的经营建设不是一朝一夕的事情，而应对突发事件的能力和效果取决于社交媒体长期经营建设和管理的效果。

在小时间窗口中，选取两个警察局的 Twitter 作为样本进行分析对比，原因是 Twitter 使用方便迅速，在处理突发事件中两个警察局都偏向使用 Twitter 发布信息，发帖数量多，使用频率大；而在大时间窗口中，本文选取两个警察局的 Facebook 内容进行分析，原因是 Facebook 发帖内容丰富，与粉丝互动性较强。表 4-7 介绍了两个警察局 Facebook 和 Twitter 的基本信息，针对这两种社交媒体的不同时间段进行数据收集和内容分析，力求客观全面地分析两个警察局社交媒体使用情况。

表 4-7 社交媒体基本数据信息

警察局	社交媒体	账户名称	粉丝数	时间段	发帖数
波士顿	Facebook	Boston Police Department	138186	2013.2-2015.2	418
圣路易斯		St. Louis County Police	28494	2013.2-2015.2	224
波士顿	Twitter	@ bostonpolice	313000	2013.4.15-4.20	155
圣路易斯		@ stlcountypd	30900	2014.8.9-11.30	193

一、突发事件应对策略对比

（一）突发事件回顾

2013 年 4 月 15 日北美东部时间下午 2 时 50 分，美国马萨诸塞州波士顿科普里广场发生爆炸案，时隔 1 小时 5 分钟，在距离第一次爆炸案 100 米的地方发生第二起爆炸案。两次爆炸共造成 3 人死亡，183 人受伤。18 日警方公布犯罪嫌疑人照片，19 日，26 岁的犯罪嫌疑人哥哥塔米尔南 · 沙尼耶夫被枪击中不治身亡，19 岁的弟弟乔卡 · 沙尼耶夫被警方逮捕。

2014 年 8 月 9 日，在美国密苏里州圣路易斯市弗格森地区，一名没有携带武器的非裔青年迈克布朗，被白人警察终止了年仅 18 岁的生命，当晚，弗格森民众在布朗被杀的街道上铺满鲜花和蜡烛进行悼念仪式，一周后弗格森警察局公开了警察的姓名，同时也公开了布朗在便利店抢劫雪茄的视频，警民矛盾激化，密苏里州进入紧急状态，弗格森地区实行宵禁，同时国民警卫队进驻圣路易斯；11 月 24 日，大众陪审团最终宣布白人警察免予起诉，弗格森地区再度陷入严重骚乱。

（二）发布时间节点比较

1. 发帖总数比较。波士顿警察局在案件发生到嫌疑人被捕的 6 天内，发布 155 条帖子；圣路易警察局在案件期间 4 个月约 120 天内共发布 Twitter193 条，其中 8 月共 33 条，9 月共 13 条，10 月共 16 条，11 月共 128 条。

2. 突发事件当日发帖比较。波士顿爆炸案发生当日下午，波士顿警察局用官方 Twitter（@ bostonpolice）发布 32 条信息，爆炸案发生后 10 分钟发出第一条信息确定发生爆炸案，在案发后 1 小时内共更新 8 次，之后平均 1 小时更新 4 次。在内容上，爆炸发生 1 小时就公布了伤亡人数和案件调查进展情况；1 小时 30 分钟向公众求助，并公布封闭路段；2 小时公布调查线索收集电话和寻亲电话；在 19 号追捕嫌疑人期间，波士顿警察局从 19 日凌晨至上午 7 时，共推送 Twitter26 条，在市民休息时间依然保持 1 小时 4 条的内容更新，报道案情最新发展，提醒市民待在家中，注意安全。

在黑人青年布朗被杀当天，圣路易斯警察局官方 Twitter（@ stlcountypd）未发布任何信息。在接下来的 2 个多月里，他们总结了在社交媒体使用和公共关系上的失败教训。11 月 24 日大众陪审团宣布白人警察免予起诉当日，发布了创历史纪录的 39 条 Twitter，其中 30 条集中在 19 时至 23 时即骚乱过程中发布，内容主要是呼吁大家和平游行示威及发布警察被袭击情况。

（三）发布内容分类比较

将发布内容进行编码，主要分为 8 类：案情进展；呼吁协助调查；发布信息引导群众；警民互动；警察形象塑造；局长讲话；警察与媒体互动；其他（与两起案件无关的内容均为其他）。根据两个警察局发布的内容分析得出（见图 4–24）：编码 2 “呼吁群众协助调查”，波士顿警察局占 13%，圣路易斯警察局仅占 1%，可见圣路易警察局并没有建立良好的社区互动关系，也未赢得社区的支持；编码 7 “警媒互动”，波士顿警察局注重于媒体互动，占内容的 14%，而圣路易斯警察局仅占 3%；编码 8 “其他”，波士顿警察局只占 1%，所有的发帖内容都紧紧围绕事件展开，而圣路易斯警察局在弗格森骚乱期间 Twitter 发布的与案件无关的内容占 36%；在编码 1、3、4、5、6 项中，波士顿警察局分别占 25%、24%、8%、7%、8%，圣路易斯警察局分别占 21%、19%、8%、5%、7%，波士顿警察局在“社区互动”“形象传播”“协助案件调查”“信息传播”这些方面都比圣路易斯警察局发布的内容多且全面。

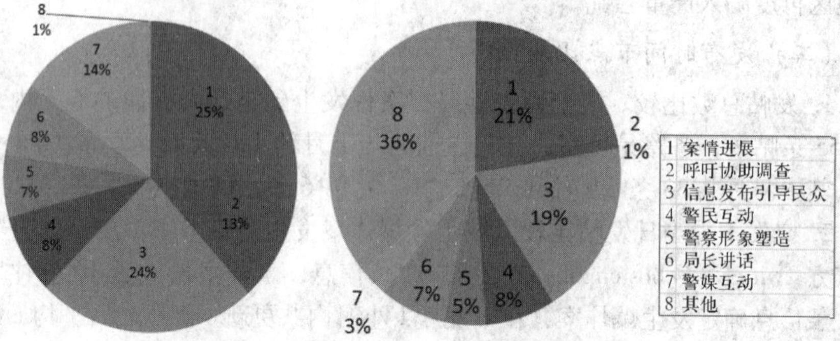

图 4-24 两起重大案件期间推送内容分类比较

（四）Twitter 活跃度比较

Twitter 的活跃度可以通过发帖数量、帖子收获点赞数、转发数、最高转发数、平均点赞数等多项因素进行分析，通过统计两个警察局从案件开始至结束共计发帖 348 条，可以比较得出：（1）在波士顿警察局发布的 155 条 Twitter 中，65%都被转发 200 次以上，超过 5000 次的占 10%，超过 10000 次的占 4%；圣路易斯警察局被转发超过 200 次以上的帖子只占总帖数的 26%，超过 5000 次及以上的为 0。（2）图 4-25 的统计数据表明，波士顿警察局每天平均发帖数为 25 条，单日最高发帖数为 56 条，即 4 月 19 日抓住爆炸案嫌疑人当日；圣路易斯警察局平均每天发帖 1 条，11 月 24 日弗格森骚乱当日单天最高为 39 条。（3）表 4-8 的统计数据表明，波士顿警察局单日发帖累计被转发次数最多是 395531 次，平均每天 80946 次；圣路易斯警察局最多为 30714 次，平均每天 394 次。（4）表 4-9 的统计数据表明，波士顿警察局单日发帖总和的累计点赞数最多为 90810 次，平均每天 16657 次；圣路易斯警察局最多为 11024 次，平均每天 166 次。（5）单帖被转发数，波士顿警察局最高为 132052 次，平均单帖被转发数为 3153 次；圣路易斯警察局最高为 3110 次，平均单帖被转发次数为 233 次。（6）单帖点赞数，波士顿警察局单帖最高点赞数为 44748 次，平均点赞数为 648 次；圣路易斯警察局单帖最高点赞数为 1661 次，平均单帖 98 次。

通过以上帖子活跃度比较分析可以看出，波士顿警察局重视社交媒体，而且与粉丝互动性强，帖子活跃度高，很受市民信任和支持；而圣路易斯警察局没有认识到社交媒体的重要性，疏于管理，与市民缺乏互动。

表 4-8　波士顿警察局和圣路易斯警察局单帖转发占发帖总数比例

转发次数	所占全部帖子的百分比	
	波士顿警察局	圣路易斯警察局
超过 200 次	65%	26%
超过 500 次	42%	12%
超过 1000 次	31%	6%
超过 2000 次	20%	2%
超过 5000 次	10%	0%
超过 10000 次	4%	0%

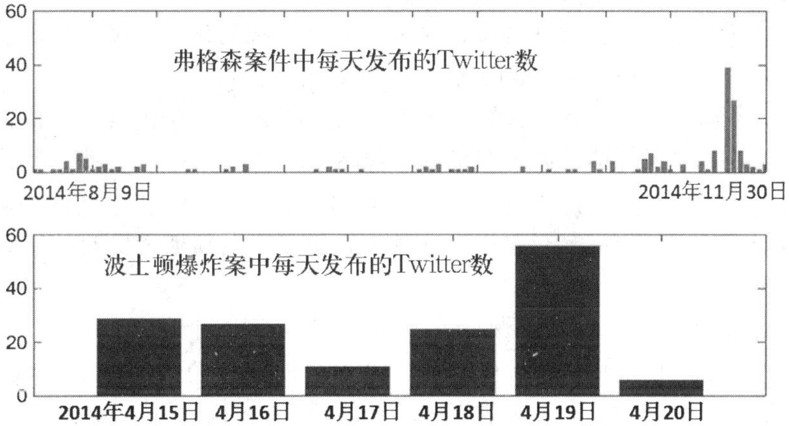

图 4-25　波士顿警察局和圣路易斯警察局单天发帖总数

表 4-9　突发事件过程中波士顿警察局和圣路易斯警察局 Twitter 发帖统计比较

社交媒体数据统计	波士顿警察局	圣路易斯警察局
最高单天累计转发数	395531 次	30714 次
最高单帖累计点赞数	90810 次	11024 次
单天平均累积转发数	80946 次	394 次
单天平均累积点赞数	16657 次	166 次
单帖最高转发数	132052 次	3110 次

续表

社交媒体数据统计	波士顿警察局	圣路易斯警察局
单帖最高点赞数	44748 次	648 次
平均单帖转发数	3153 次	233 次
平均单帖点赞数	648 次	98 次

（五）推送文本分析比较

通过推送文本分析的方法对两个警察局在案件期间推出的 348 条 Twitter、数万条留言评论和互动内容进行分析比对，得出以下结论：

1. 发布时机不同。波士顿警察局第一时间掌握话语权，公布案情最新进展，向公众告知封闭的道路路段，召开新闻发布会的具体时间，警察局已做的工作等，及时消除了公众的疑虑，让公众安心，同时对受害者及其家属表示悼念和同情；而圣路易斯警察局消极逃避，在布朗枪杀当日没有发布任何信息，但 Twitter 已有人发出布朗继父举着写有“我的孩子被警察打死了”的照片，也有人在 Facebook 写道“警察在我家围栏门口杀了一个人”“那个家伙在跑，警察冲他开了枪，我看到他死了”之类的评论和留言。从留言和转发内容上看，社交媒体已经将弗格森事件定义为“一个手无寸铁的黑人青年在双手举起的情况下，依然被有种族歧视的白人警察打死”。对此，圣路易斯警察局没有给予任何回复，弗格森骚乱也是由于圣路易斯市民对警察局的不信任造成的。

2. 话语基调不同。圣路易斯警察局语言生硬，命令语气居多。例如，“请不要猜测，我们在没有调查清楚前是不会说警官的名字的”，多次使用“不守规矩的人（unruly）”“暴徒（rioters）”“抢劫犯（looters）”“抗议示威者（protester）”等词汇形容游行示威人群；在信息发布上以威胁话语为主，如“通知（announce）”“命令（inform）”“逮捕（arrest）”“服从（obey）”“口头警告（verbal warning）”“令人失望的（disapponted）”“非法集会（unlawful assembly）”“拘留（custody）”“请离开，否则我们采取措施”等；在发布内容上也欠缺把关，如“我们警察工作辛苦，请为我们捐款，捐款项目如下”“有人用装满尿的瓶子砸向警察，并附有图片”。甚至在 Twitter 上跟民众争吵，有民众指责圣路易警察局用催泪瓦斯（teargas）疏散人群，圣路易斯警察局发布了 6 条信息强调，“我们使用的是烟雾弹（smoke），而不是催泪瓦斯。”之后又说：“我们先使用烟雾弹，无效后才使用催泪瓦斯！”还说出了“请不要相信电视上怎么说”“我们很忙”之类的话语。相比之下，波士顿警察局言语亲切，及时更新案情最新进展情况，他们会用到“听到你（hear you）”“谢谢你（thank you）”“上帝保佑你（god bless you）”“爱你们（love you）”等语句，呼吁市民参与案件调查，群策群力，态度诚恳；内容上也很温馨：“凌晨2点换班回家的警员，你们第一件工作就是请抱抱你熟睡的孩子。”具体内容如表4-10所示。

表4-10 波士顿爆炸案@bostonpolice 2013年4月15日发帖内容

时　间	内　容
12：39PM	马拉松终点线发生一起爆炸案
12：52PM	呼吁大家离开爆炸现场
13：02PM	受伤22人，死亡2人
13：06PM	更新死亡人数，23伤，2死
13：29PM	呼吁市民帮助，提供马拉松爆炸案现场视频线索
13：30PM	15分钟后在威斯汀酒店召开新闻发布会
13：51PM	发生第二起爆炸案
13：53PM	在JFK图书馆发生第三起爆炸案
13：53PM	波士顿警察局呼吁市民提供线索
13：56PM	安抚群众，避免聚集爆炸现场
14：01PM	警察正在稳定局势，检查市民包裹
14：22PM	JFK图书馆的爆炸案是由火灾引起的
14：23PM	届时会有更多警察到达爆炸现场，请市民不要恐慌
14：42PM	爆炸案现场将会关闭
14：52PM	警方最后确认爆炸案发生的准确地点
15：38PM	局长讲话，调查更正JFK图书馆爆炸不是爆炸，是火灾
16：17PM	警察局开通群众线索提供热线电话
16：30PM	告知市民部分街道关闭
16：58PM	公布寻亲电话
17：00PM	呼吁社区人员参与匿名调查
17：46PM	FBI接管案件调查

续表

时 间	内 容
17：50PM	警察局告知市民进入高度紧急状态
17：52PM	通知市民在未来几天会看到更多警察
17：53PM	死亡人数增加至3人
17：54PM	警察局还未锁定嫌疑人
18：16PM	局长发言：对遇难亲属表示深切哀悼！
18：18PM	公布FBI线索提供电话，呼吁社区人员协助调查
19：01PM	局长发言：波士顿警察局进入高度备勤状态，全体警员取消休假
19：48PM	波士顿警察局建议媒体将直播车停在两条街之间
20：16PM	FBI通知各媒体16日上午9点30在威斯汀酒店召开新闻发布会

表4-11 @stlcountypd 2014年11月24和25日部分发帖内容

12：42PM	我们警员日夜辛苦地工作，请为我们捐款
13：40PM	为我们捐款的具体种类
15：37PM	请保持冷静、自重并尊重大众陪审团的决定
15：40PM	我们向世界展示我们的团结一致而不是破坏
15：41PM	我们想让全体社区的居民知道你们的安危是我们最关心的事情
18：24PM	大众陪审团已经决定不起诉威尔逊警官
18：41PM	生命的损失无法挽回，但这是大众陪审团的决定
18：47PM	警察快速侦破一起抢劫案件
19：02PM	在市中心的一辆警车后窗被砸
19：14PM	一些示威抗议者向警察扔电池
19：16PM	警察被砖头和瓶子砸伤
19：17PM	我们多次警告疏散，但毫无效果，我们决定采取措施
19：19PM	警察使用烟雾弹来疏散不守规矩的人群
19：21PM	我们没有用催泪瓦斯，我们用的是烟雾弹
19：32PM	一名和平的抗议者被一块水泥砸伤

续表

19：39PM	警车起火
19：59PM	回复@ evanperez @ CNN 我们在发帖的时候还没有使用催泪瓦斯，用的是烟雾弹
20：01PM	第二辆警车被烧
20：04PM	暴徒（Rioters）持续向警员扔砖头和瓶子，我们有权利保护生命和财产
20：31PM	我们开始使用催泪瓦斯了，但要强调的是我们先使用的是烟雾弹
20：42PM	超市和仓库被抢劫者（looters）放火点燃
20：47PM	回复@ seanbonner：我们是先使用烟雾弹的，不要看电视报道！我们很忙！如果上级通知我们使用催泪瓦斯，我们会通知你，谢谢！
20：54PM	回复@ leahmcelrath，我们是先使用烟雾弹的，没有必要再解释了，谢谢！
21：25PM	我们已经通知了那些抗议示威者阻碍交通是违法的，不服从的我们要对其进行逮捕
21：30PM	现在很多抗议者都分散到路的两旁，我们感谢你们的合作
21：45PM	抗议者又回到了路中间，我们给予口头警告
22：02PM	一名来自华盛顿特区的记者因为不服从警告，现在被逮捕
22：05PM	抗议者又回到了路中间，如果还不离散，我们将使用 PA 系统进行驱散
23：52PM	目前为止我们已经逮捕了 29 人
14：38PM	昨晚共 61 人被捕，发生 21 起火灾
14：39PM	局长讲话：我们想听听让我们做得更好的原因
14：42PM	局长讲话：我希望更多的国民警卫军进入圣路易斯
	有人用装满尿的瓶子扔警察
	这个是装满尿的瓶子的照片

（六）媒体关系不同

波士顿警察局在案发后一小时内主动召开新闻发布会，Twitter 内容由公共信息局负责人把关，波士顿电视台前记者谢丽尔担任法律顾问，协助警察局把关，同时负责社交媒体内容的还有另外两名警官以及三位市民。在后续几周中，波士顿警察局邀请谢丽尔协助警察局负责@ bostonpolice，全天候不断更新数据内容，同时积极配合媒体工作，给媒体提供驾驶路线图，并指明停车场所。相比之下，圣路易斯警察局消极躲避媒体，发布内容不一致，在案发 24 小时后第一次面对媒体，没有公布警官姓名，15 日才第二次召开新闻发布会，公布了涉案警察姓名为达伦 · 威尔逊，声称威尔逊开枪原因是布朗抢劫雪茄，但当晚的另一个新闻发布会上，警察局报告又变为执勤警官威尔逊并不知道布朗就是抢劫雪茄的嫌疑人，是因为布朗走在路中间，试图叫停他而发生冲突致死。记者提问："那既然是这样，为什么要公布布朗抢劫的视频监控录像？" 警察局回答："是因为你们要！" 警察局在一天之内的两个新闻发布会上对事件发生和布朗死因描述大相径庭、前后矛盾。此外，在弗格森骚乱现场，竟然逮捕了 CNN 的记者。

二、社交媒体使用行为数据对比分析

通过对两个警察局在 Facebook 上两年内发布的全部帖子进行内容编码：编码 1 是重大或突发事件，包括重大案件、赛事、重大节日或纪念活动；编码 2 是信息提示，包括内容安全提示、恶劣天气提示、道路交通安全提示；编码 3 是警务新闻，包括内容有日常警务活动、领导讲话、呼吁群众协助调查、案件调查进展、警员招录等；编码 4 是警民互动、包括社区活动、民众表达感谢和支持、好人好事、慈善捐款活动等内容；编码 5 是警员风采，包括警员晋升、表彰、牺牲、退休等；编码 6 是其他，包括图片视频分享及所有其他转发内容。进行数据分析可比对出两个警察局在社交媒体建设、社区警务与社区居民互动等方面的情况。

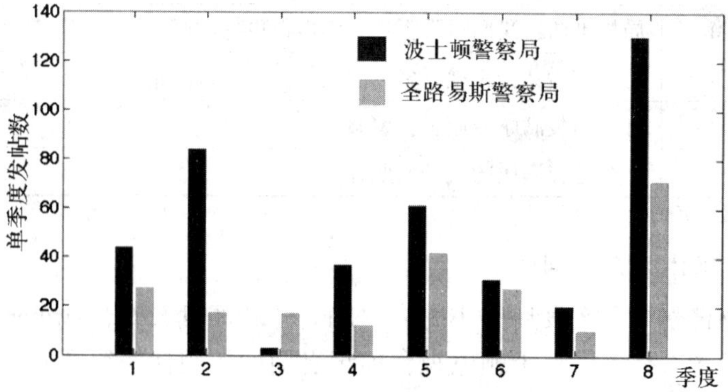

图 4-26　8 个季度发帖总数比较

第一，在两年共 8 个季度中，比对两个警察局的 Facebook 的发帖数量（见图 4-26）和发帖内容（见图 4-27），可看出波士顿警察局一直相对活跃，而圣路易斯警察局一直不够活跃，但在第 8 季度，即发生弗格森案件后，发帖数突然攀升，可见通过这次案件，圣路易斯警察局已经认识到社交媒体的重要性。图 4-27 展示出了两个警察局在一级内容分类上，单项发帖占总数的百分比情况，从比对中可以看出他们发布内容的侧重不同，帖子的内容直接影响到网民参与的活跃程度。例如，圣路易斯警察局发布的警务新闻、信息提示类别的帖子所占比例比较高；而波士顿警察局有关重大事件的跟踪报道、警民互动和警员风采类别的帖子发布的侧重较高。

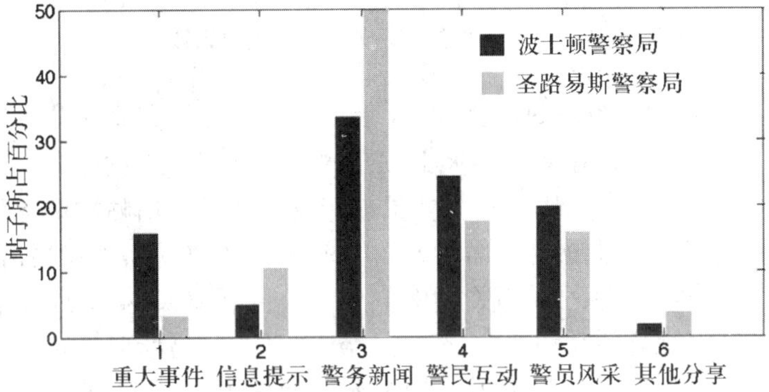

图 4-27　内容分布比较

第二，从图 4-28 中两个警察局的 6 个一级分类帖子的点赞数、评论数和转发数及平均点赞、评论和转发数可以发现：两个警察局的“警民互动”和“警员风采”帖子的平均点赞数、评论数和转发数明显高于其他类别，因为这类帖子多数属于原创，阅读性高、互动性强，能引起社区共鸣，所以民众的参与程度很高。波士顿警察局通过社交媒体处理“重大事件”非常成功，平均点赞数是 1594 次，大大高于圣路易斯警察局的 127 次；圣路易斯警察局则是在“警民互动”上最为活跃，但最高值为 513 次，不到波士顿 1173 次的 1/2。圣路易斯警察局在弗格森骚乱上处理的失败并不是偶然的，是由于长期与社区缺乏互动、缺乏正确的社交媒体使用机制、缺少专业管理水平而造成的。这些数据表明，要想在重大事件过程中成功地使用社交媒体工具，必须在平时连续积累、发布原创的能引起民众感情共鸣和互动的配图帖子，从而赢得社区的信任、参与和支持。

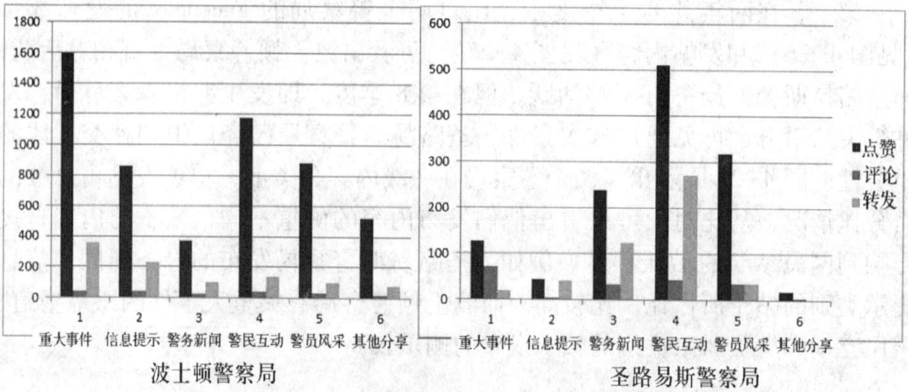

图 4-28 点赞数、评论数和转发数比较

第三，图 4-29、图 4-30、图 4-31 展示了波士顿警察局（菱形）和圣路易斯警察局（正方形）在 Facebook 上发布的帖子在时间上的分布情况。一个点代表一个帖子，纵坐标代表这个帖子被转发的次数、回帖数和点赞数。根据分析得出：（1）波士顿警察局在 Facebook 上比圣路易斯警察局活跃很多。（2）在两个突发案件过程和相关事件节点中，包括 2013 年 4 月波士顿爆炸案、2014 年 4 月纪念活动和 2014 年 8 月至 12 月圣路易斯弗格森案件，两个警察局发布帖子的频率和转发数、回帖数和点赞数比平时高出 10 倍以上。（3）圣路易警察局在弗格森案件后期 2014 年 11 月里的转发数、点赞数以及回帖数都有很大提高，开始注重与民众的互动和交流。

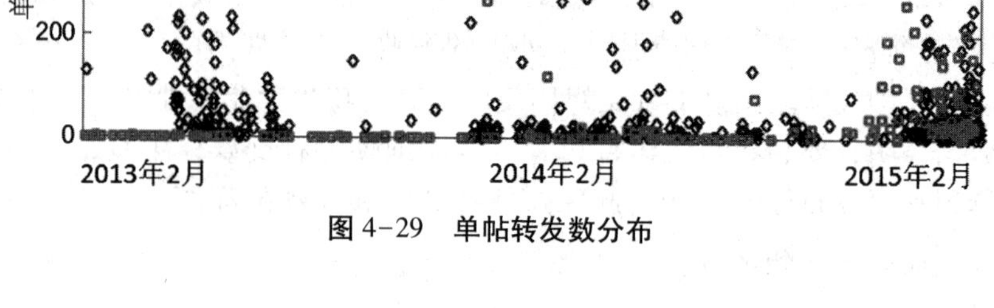

图 4-29 单帖转发数分布

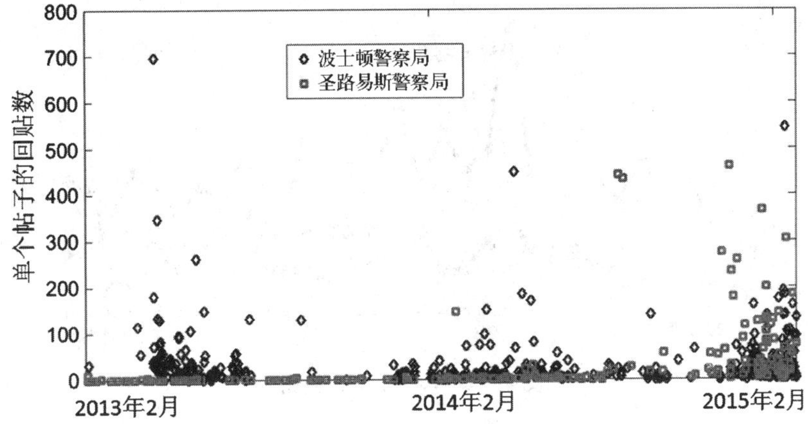

图 4-30　单帖回复数分布

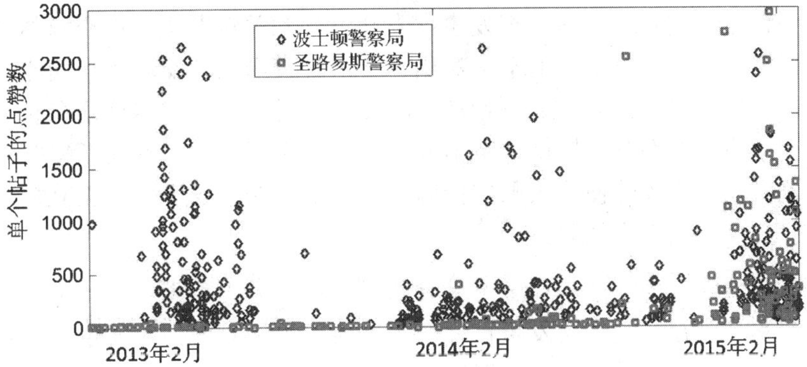

图 4-31　单帖点赞数分布

第四，从图 4-32 可以看出两个警察局自 2012 年 7 月至 2014 年 12 月的 30 个月的时间内在 Twitter 上每个月发布帖子的数量。除了弗格森发生严重骚乱的 2014 年 11 月，圣路易警察局发布的 Twitter 略高于波士顿警察局发布的 Twitter 数量，其余均远远低于波士顿警察局。波士顿警察局平均每天发帖数量为 5.1 条，每月平均为 138 条，而圣路易斯警察局每天平均为 2.8 条，每月平均为 44 条。

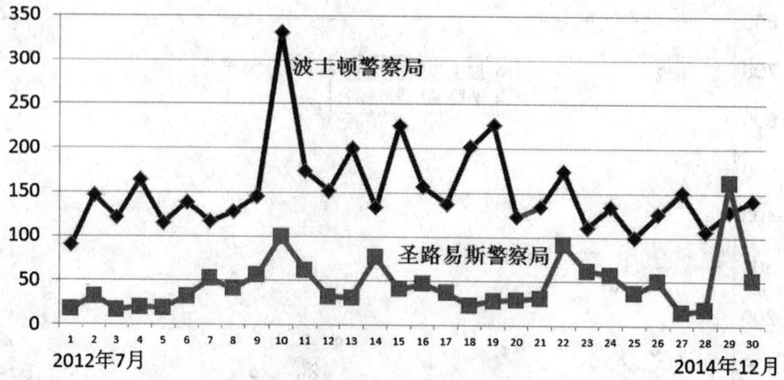

图 4-32 Twitter 发帖数比较

三、有效使用警用社交媒体应对突发事件的实施建议

纵向上本文跟踪了两起突发事件发展过程和关键节点、社交媒体使用历史记录和社会反应；横向上本文对比了两个警察局在社交媒体上两年内的发帖数、内容分类、点赞数、评论数、转发数、活跃度和文本话语分析，阐述了波士顿警察局在马拉松爆炸案中成功使用社交媒体和圣路易斯警察局在弗格森案件中社交媒体使用失败的原因。对于如何在突发事件中正确使用社交媒体，可以得出以下经验：

（一）要有危机意识，随时准备应对可能发生的各种突发事件

警察局应建立重大突发事件社交媒体使用机制，增强突发事件应对处理能力。爆炸案发生后，波士顿警察局迅速组建突发事件应对小组，邀请媒体顾问和市民共同参与信息发布，及时消除误会，呼吁市民协助破案，缓解紧张情绪，获得社会支持。圣路易斯警方突发事件应对能力不强，在处理内容上显得过于简单和草率，使用以往警察局的机械简单的做法，成为引发骚乱的燃点。

（二）要第一时间掌握话语权

在危机时刻，警察部门发布信息越及时越好，否则会有人发布无效信息甚至错误信息误导民众。在弗格森事件发生后 24 小时内，圣路易斯警察局没有发出任何信息，很快就有人在社交媒体上将事件定义为“有种族歧视的白人警察枪杀黑人青年”。圣路易斯警察局的“无可奉告”这一行为造成的负面影响很大，让群众认为警察内疚或故意掩盖事实真相。

（三）要进行全天候持续报道

Rosenthal 认为，对待媒体就像喂动物一样，你喂得越多，他们就不太可能自己去觅食，否则他们会自己去挖掘事实，然而这些事实往往并不可靠，片面而且不专业，甚至还带有猜测、传闻、夸张、报复、偏见，以及个人的主观臆断。波士顿警察局在第一时间公布爆炸案伤亡人数，在发现数字不正确后，立即更新信息。所以在使用警用社交媒体时，即使不能马上发现事实真相或公布调查结果，也可采取先发布事实、再公布原因及处理结果的分阶段、分层次发布的办法，尽早将警方声音传达出去。

（四）要消除恐惧多沟通

在重大突发事件中，警察局会面对海量信息和各种疑问，发出信息后，也会有正面或负面的反馈。有些人会发表消极的言论、辱骂或谣言。其实，无论警察局是否使用社交媒体，都会提出负面评价，但通过使用社交媒体，警察局至少可以看到谁在说、说什么和怎么说。社交媒体对警方来说是一个与公众沟通的便捷通道，能及时、准确地分享信息，并消除公众的疑虑和谣言。

（五）要赢得社区民众信任，为成功处理突发事件打下基础

从两年的数据分析可以看出，活跃程度高的帖子大多和民众的生活息息相关，语言朴实，并以民众为中心。圣路易斯警察局不重视通过社交媒体与社区民众进行互动，发布内容也多为转发链接，或者通知公告。Deater 认为，“布朗的死亡并不是弗格森骚乱的根本原因，最根本的原因是警察局并没有处理好社区警务策略，没有赢得社区的信任，没有处理好与社区的关系。”只有在平时长期利用社交媒体赢得社区的信任和支持，在重大突发事情的处理过程中，才会得到民众的积极参与、理解、支持和信任。这对维护社会稳定和有效应对突发事件非常关键。

（六）要强化管理避免矛盾激化

执法机构应安排专人管理社交媒体，并筛选有价值的信息。警察在使用社交账户时要格外注意他们发出和张贴的信息，在网上发出一条信息是几秒钟的事情，但内容一旦发布就不可能被完全删除，因为不能避免内容被截屏，这对警察部门存在潜在的影响。在重大事件处理过程中，在社交媒体上发布的信息要保持高度的一致。

（七）应制定社交媒体使用长效管理机制

警察局在创建社交媒体之前应该考虑：是否做好了准备？是否具有相关资源？是否能让其正常运转？是否具备相关制度？没有什么比不更新内容让警察局看起来更不专业的了。警察局应安排专人负责内容更新，24 小时每 4 小时更新一次，包括周末和节假日，让关注者了解警察工作，给关注者提供有用的信息。要规划如何使用社交媒体提高部门影响力，如何利用社交媒体的特点实现互补，设定检测和衡量标准，制定时间表，并有计划地培养所有警员使用社交媒体，争取达到警察局内每个警员都是信息发布者和管理者的理想目标。

第五节　美国警用社交媒体应用案例研究

美国警用社交媒体主要用于应对突发事件、刑侦、监控、情报获取、征集破案线索、公告犯罪信息、公告紧急和灾难信息、预防犯罪、社区互动、公关形象塑造、警员培训、警员招聘等多方面。近年来，社交媒体在美国警务应用中所占比例逐年上升，2014 年，社区互动在社交媒体应用中占最主要部分，为 77.8%，警员犯罪调查占 72.2%，征集破案信息占 67.9%，招聘占 50.2%。以下通过四个警察局的具体应用案例，阐述美国警察局在警务实践中如何建设和使用社交媒体。

一、通过社交媒体与社区互动：以阿灵顿警察局为例

社交媒体为警察部门提供了与社区民众沟通的双向渠道和互动平台，是建立社区信任和维系社区情感的纽带。得克萨斯州的阿灵顿警察局共有 640 名宣誓警员和 210 名文职人员，服务着占地 100 平方英里、有着 38 万人口的大社区。2008 年，阿灵顿警察局最早提出“Twitter 达人赛”（Tweetalong）活动的时候，很多人都觉得很可笑。但是，“Twitter 达人赛”活动现在已被很多警察局采用，这个活动让更多的 Twitter 用户参与，与警察局的交流更实时、迅速和快捷。这个活动由阿灵顿警长和两名公共信息官负责，要求警察局不同部门的警官要发挥各自的经验和优势，发表 Twitter，让公众实时了解警察局真实的工作内容和体会，通过文字、图片和视频分享警员故事和警察局生活，增加了警察局工作的公开性和透明度。“Twitter 达人赛”活动是阿灵顿警

察局社交媒体战略的一个重要完善和补充。一个最为感人的例子发生在2012年4月，阿灵顿的一个小男孩被确诊为败血症，他的愿望就是成为打击坏人的英雄，阿灵顿警察局知道后，把小男孩带到警察局模拟场景，实现了小男孩的梦想，这个故事被拍成了视频发布在社交媒体上，点击观看次数超过了25万次。这种类型的视频还有很多，不仅显示了阿灵顿警察局人性化的一面，还展示出镜头背后的阿灵顿警察局为社区民众所做的点点滴滴的贡献。"Twitter达人赛"平台越来越受社区欢迎，在一年半的时间里，该警察局的Twitter粉丝从600人增加至6000人。现在阿灵顿警察局每个月都会开展两次"Twitter达人赛"，以保持与社区的互动性和活跃度，此外通过该平台还收获了来自社区的很多优秀建议和策略。

阿灵顿警察局还与巴尔的摩警察局合作，通过社交媒体互相转发服务和求助等帖子，收获了更多粉丝的参与和互动，因为民众也好奇其他城市警察局如何处理同样的案件。此外，还与得州的沃斯堡警察局、弗吉尼亚州的里士满警察局、佛罗里达州的坦帕警察局、内华达州的拉斯维加斯警察局成为兄弟警察局。阿灵顿警察局让市民成为他们社交媒体团队的一部分，赋予他们保卫阿灵顿安全平安的神圣职责。

二、利用社交媒体协助犯罪调查：以费城警察局为例

社交媒体为预防犯罪调查提供丰富的信息资料来源，因为通过社交媒体不仅可以检测到犯罪，而且发现的信息可以作为刑事调查和起诉的合法证据。一些复杂的IT犯罪调查，通常是由国家层面的专业部门承担，但地方警察局也要求警员掌握网络媒体技术，学习如何从社交网络众多复杂的信息中收集有效信息。

2012年10月下旬，费城警察局发布了一则具有里程碑意义的消息："通过社交媒体发布的求助信息，已经成功地逮捕了第100个嫌疑人！"费城警察局于2011年2月第一次使用社交媒体，并派出50个探员接受了FBI的专业培训，组成了数字影像反应小组，收集来自商店、居民区、公共场所、施工地、民众拍摄的海量视频，从多个视频中寻找嫌疑人的线索，通过视频技术将视频处理后发布在社交媒体上，呼吁民众提供犯罪线索，协助破案。费城警察局在发布视频寻找线索的过程中做了很多有益探索，如什么时候发布，发布什么内容？他们发现社交媒体的链接需要配上视频内容，因为视频能给民众

提供具体的环境信息，更能激起参与兴趣，粉丝也会成倍增加。费城警察局还发现，在下午5点至6点发布效果最好，这样到了午夜便有嫌疑人因顶不住压力来警察局自首。有一次，在发布绑架儿童嫌疑人的视频前，费城警察局官方Twitter发了一个帖子，内容是："我们马上要发绑架儿童嫌疑人的视频了！"这个帖子的点击率达到了22000人，结果视频还没有发出，嫌疑人迫于舆论压力主动到警察局自首。

费城警察局的信息官说："人们通过社交媒体可以更自由地选择观看时间，了解案情最新发展情况，我们有多种渠道方便市民提供线索，如短信、电话、邮件，或者在警察局iWATCH APP应用程序中发布，所有的线索最终都会集中到我们全天候犯罪信息中心。仅今年，我们就收到了6500条线索，成功逮捕过杀人犯、盗窃犯和便利店的持枪抢劫犯。如果没有社交媒体这一平台让公众参与，这个数字肯定会降低很多。"

三、利用社交媒体进行警员招聘：以休斯敦警察局为例

警察局在使用社交媒体时，不仅要考虑社交媒体的特性，还要考虑使用群体的特点。警察局向不同群体传达信息时使用不同的策略，是一个事半功倍的有效途径。例如，在警员招聘时用社交媒体发布广告效果很好，因为招聘对象多为青年群体，他们更愿意使用社交媒体。

休斯敦位于得州的西南部，该警察局有5200位警员，服务着近230万人口。2008年3月，休斯敦警察局的高级警员迈克意识到，警员严重不足是因为申请人和警察局之间存在脱节，信息传达不畅通而造成的。之前警察局使用纸质填写申报的申请系统，很多潜在的申请者由于缺乏对警察局和执法系统工作的了解，对职业未来的不确定，而不去申报，为了解决这一问题，迈克创建了博客，提供警局信息、职业规划、工作性质、警局生活、优秀案例等以便更多的人了解警察，吸收更多优秀有志于警察事业的年轻人。迈克每天花一个小时更新和撰写博客，发表观点和评论，他通过自身28年在执法系统的工作经验，耐心回答每一个申请者的疑问，同时他也积极吸收其他部门或者粉丝的好想法和建议。休斯敦警察局的博客有文字故事、图片和视频，以及随时更新的职位介绍等，同时迈克还将自己的邮件地址放到社交媒体上，方便民众提问交流，答疑解惑，每封邮件他都会回复，有时候一天会回复50封邮件。

很多新警员感谢迈克让他们有机会了解警察职业，获得工作动力，很多

人承认正是因为这个博客，他们才决定当一名警察。这个博客最初每天仅有15次的点击率，但是现在每天已经超过1500次，申请人是主要点击者。当记者采访迈克经营这个博客有什么经验的时候，他回答："保持真实！博客不是复制粘贴新闻的平台，是警员自我体现人性和高度专业化的领域，一个分享社会洞察的论坛，这样才不会丧失任何一个潜在的申请者！"

四、应对突发事件：以波士顿警察局成功处置马拉松爆炸案为例

社交媒体是危机事件中和民众联系最快的桥梁和纽带。研究认为相比于传统媒体，民众在突发事件中更加信任社交媒体，同时越来越多的传统媒体开始从社交媒体渠道获取新闻和信息。公共关系战略学家马克·汉拿指出，由于社交媒体的出现，普通民众都能提供原始的信息和背景资料，警察部门在重大事件发生的时候再也没有时间策划，因为消息通过社交网络很快就会扩散。为了避免被动局面，警察局必须主动利用好社交媒体。新闻传播研究认为，针对重大突发事件警察局公共关系部门要遵循24小时新闻周期原则，即警察局要在24小时内通过社交媒体向公众公布案件最新的调查进展情况。

2013年波士顿马拉松爆炸案发生后，波士顿警察局如何用警用社交媒体对发生的骚乱进行有效控制，是美国警方利用警用社交媒体应对突发事件的优秀案例。2013年4月15日下午2时49分，在波士顿马拉松比赛的终点线上，两枚炸弹被快速引爆装置点燃，造成3人死亡，数百人受伤。在爆炸现场，波士顿警长戴维斯命令媒体办公室使用各种社交媒体向公众公布准确和完整的信息。在爆炸案发生10分钟后，波士顿警察局要求警员用社交媒体与公众沟通，"让公众知道我们在这里干什么！"一小时后，波士顿警察局通过Twitter发出信息确认发生爆炸案，并有人员伤亡；接下来的两个小时内，波士顿警察局用官方Twitter账号向公众求助寻找嫌疑人，公布被封闭的道路，发布新闻发布会召开时间、案件调查进展的状态、具体伤亡人数，及时消除了公众的疑虑，并让公众安心，同时对受害者及其家属表示悼念和同情。

波士顿警察局在爆炸案发生当天，所有帖子都是通过警察局官方Twitter账号发布，并由局长把关推送，原波士顿电视台记者谢丽尔担任法律顾问，同时负责帖子内容的还有另外两名警官以及三位市民。在后续几周中，他们负责警察局Twitter账号@bostonpolice在24小时内不间断地更新数据和内容，工作人员每天发帖3至5次，这使公众能迅速及时地了解爆炸案件调查进展

情况，也成为公众认可的最可靠的信息来源。波士顿警察局同时也通过官方Facebook页面公布案件调查进展情况，并与公众建立联系。爆炸发生的当天下午就在官方Facebook贴出了警戒封锁线路地图；贴出地图为参加新闻发布会的媒体指引道路并提示停车区域；向公众发布因案件调查需要暂停的公共交通，让市民及时择道或选择其他交通工具；将嫌疑人放在“BOLO”（BE ON THE LOOKOUT）上，呼吁大家给予支持协助寻找嫌疑人；一周后，在官方Facebook主页上公布了嫌疑人的长相、车牌信息；波士顿警察局还通过Facebook表达了对已故者深刻的悼念，并发信息安慰幸存者。

第六节 警用社交媒体的机遇和挑战

一、社交媒体给警务工作带来的新机遇

科伦（Koren）总结出了社交媒体给警察执法，尤其是应对处理重大突发事件带来了新的机遇，主要包括：

（一）推送更及时

社交媒体使沟通更便捷、准确，能及时消除公众疑虑，区分谣言。每位警员都可以随时随地推送，且不需要专业设备，普通智能手机就可以完成。

（二）传播更广泛

社交媒体给警察部门提供了集思广益的平台，警方推送的信息一旦被受众接受或分享转发，信息会在粉丝圈形成讨论、转发从而扩大影响，更有益于警方传播信息、提供服务、呼吁协助犯罪调查等。

（三）互动性更强

社交媒体是警察部门与公众沟通的双向渠道。警方和网民可以在线对话，网民甚至可以参与部分警务活动，大多数参与者都可从中受益。

（四）打击更广泛

警方可以通过社交媒体打击暴力、抢劫、卖淫、嫖娼、盗窃、贩毒以及恐怖事件，如利用Facebook和Twitter的定位功能追踪嫌疑人的具体位置；Facebook的匿名性等特征，可以保护公众识别举报嫌疑人而不受威胁。

（五）减少恐慌和谣言

面对自然灾害、重大事件或恐怖袭击，警方和紧急事件服务中心可以利

用社交媒体官方准确地传播信息，避免了公众的猜测和谣言而引起的社会恐慌。

（六）节约管理时间和经费成本

社交媒体与其他检查部门可实现信息共享，抵消聘请专家的损失；警察局领导可以随时随地发布信息，查看网民留言、与警员之间的互动等情况，帮助预测犯罪趋势和发现警察局潜在的内部问题，通过活跃度和内容可以分析出哪位警员影响力高，谁更有利于团队合作，以及影响部门的有利和不利因素。

（七）细分受众提高传播有效性

通过社交媒体的粉丝情况，可以分析出受众的爱好、兴趣和关注点等多方面内容，警察局可以根据这些内容将受众细分，提高传播的有效性，同时增强社区感情。

二、警用社交媒体存在的问题和挑战

希洛斯-弗格（Scholes-Fogg）在给独立警察委员会（Independent Police Commission，IPC）的调查报告中指出，社交媒体允许警方和公众共同参与，这是公共执法领域的新挑战、新变革，同时也存在难以控制、信息误用和名誉受损等问题，具体包括：

（一）法律机制不健全

社交媒体提供的信息可以作为刑事调查和起诉的证据，但必须符合相关法律法规。目前美国一些复杂的 IT 犯罪调查通常是由 FBI 专业部门承担，但在地方警察局并没有建立相关证据的使用机制，出现断层，证据使用水平差别很大。

（二）信息易被误用

警员的私信、消极评论或犯罪信息数据等通过社交媒体传播后不易于管理。因为发出错误信息只需一秒钟，但存在永远无法删除的风险，通过内容截屏，信息可能被参与者重塑、滥用或者歪曲内容，这会给警察部门造成不良形象。

（三）信息海量难管理

社交媒体给警方提供争取公众支持的新途径，每天都有大量信息产生，警方无法关闭社交媒体的公共讨论区，即便能关闭也不允许这样做，所以快速有效地辨别、制造、分享和使用信息都是警察局全新的挑战。

（四）语言官僚缺少新意

社交媒体的话语基调很鲜明、很随意，更像对话形式，有幽默感。警方传统语调官僚、缺乏新意、无趣，不适用于社交媒体幽默轻松的语言风格，受众不喜欢这种类型的话语方式，这也是众多警用社交媒体关注者较少的原因之一。

第五章

美国道路交通环境——精细化彰显秩序

第一节　美国公路体系的成长与发展

走进美国，道路上很少见到行人，市民出行大多乘车或驾车，这种情形是美国被誉为“生活在轮子上的国家”的真实写照。作为发达国家，美国国内已经构建起一个布局合理、四通八达、安全便利的道路交通网络。截至2014年，全美道路总里程达到658.6万公里，其中州际公路系统（Interstate Highway System）贯通全国，是美国道路交通的基本骨架，全称为艾森豪威尔全国州际及国防公路系统（Dwight D. Eisenhower National System of Interstate and Defense Highways），该公路系统由1956年联邦资助公路法案授权修筑，全长75376公里，绝大部分是高速公路。

1806年，美国联邦政府开始资助建设第一条州际高速公路（现在称为美国第40号公路），当时的美国总统托马斯·杰弗逊同意批准在60英尺宽的道路上建设20英尺宽的高速公路，但1812年的战争放慢了高速公路第一期工程的建设。这一段高速公路是从马里兰州的坎伯兰到俄亥俄河，联邦与各州之间激烈的争夺公路所有权，最终在1835年联邦政府将公路的所有权转移到各州。

美国最初的国道是用碎石铺满的，供牲畜和一些有盖的货车通过。19世纪90年代，当汽车来到美国之后，改变了美国对道路的要求。一些有名望的人士和组织开始资助州际公路建设，美国的公路工程师于1902年共同组织成立了美国道路和交通建设者协会 ARTBA，通过资本融合的方式促进州际间高速公路的连接和发展，慢慢地将各州首府和国会连接在一起。

1903 年，当亨利·福特将汽车推向市场后，美国对新公路的需求更加强烈。20 世纪初，道路局调查发现，全美仅有 12%的道路是铺设过的，大部分道路还是用泥土铺成，在当时的道路条件下，汽车时速很少能超过 25 迈，因此，当时各州和各地政府亟需一个更好的公路体系。总统伍德罗威尔逊于 1916 年签署了联邦援助道路公路法案，创建公共道路局。该法案实施五年内，给每个成立高速公路部门的州共计分配了 7500 万美元，但此项法案生效缓慢。1916 年至 1919 年期间，公共道路局仅分发了 500 万美元，铺设了 12.5 英里的道路。1919 年，公路工程师托马斯·麦克唐纳被任命为公共道路局局长，任职四十余年。

1917 年，美国参与了第一次世界大战，资源、材料和有经验的工人被转用于军事。很多道路修建工程被终止，而且现有的道路逐渐被损坏，数千辆卡车开往美国东海岸的港口卸货，将物资运往欧洲。富兰克林·罗斯福总统为了在大萧条时期提高就业率，他希望促成国家公路体系建设法案，但两次都以失败而告终，之后他决定选择一个较小的项目，即建设宾夕法尼亚收费公路。宾夕法尼亚公路于 1938 年完工，罗斯福尝试利用政府资金去支持公路建设的想法是受到了希特勒的启发，希特勒为了运输军事物资而在德国修建了宽阔的道路。但是罗斯福的想法受到了政治阻碍，当时他迫切需要把注意力转移到欧洲战场上，所以不得不再次放弃了修建国家高速公路体系的计划。当 1941 年美国全面进入“二战”时期后，工厂开始加大枪支和军需物品的生产供应，同时减少汽车的生产。战后美国一半以上的道路都被铺设过了，但大多数都是狭窄和不安全的，美国人民强烈地感受到现有的高速公路不能满足交通的需求。1944 年，美国为退伍军人降低贷款利息，并允许大量的家庭搬出城市到郊区生活，汽车逐渐成为美国人日常生活不可或缺的一部分，也就是美国的汽车文化。同时，汽车的发展又促进了很多新兴产业的发展，如干洗店、电影院等。从 1945 年到 1949 年短短的 4 年间，美国登记的机动车总量从 310 万辆增长到 470 万辆。与此不相符的是，现有的高速公路无法满足如此快速增长的机动车需求，越来越拥堵的高速公路对于越来越多的司机是不安全的。1955 年的调查数据显示，美国每年有超过 36000 人死亡，100 多万人在公路上受伤。此外，冷战增加了美国对核攻击的恐惧，高速公路严重不能满足在非常时期将人们疏散逃离大城市的要求。冷战成为美国人开始焦虑的一个重要因素，因此政府又开始说服美国公众资助新的高速公路建设，以此作为防御措施。

在艾森豪威尔总统的支持下，美国开始建设一个全新的高速公路系统。追溯到 1919 年，他加入了第一个美国陆军的城际运输车队，开始学习如何驾驶汽车穿越美国。当时车队每小时行驶约五英里，还要经历许多故障。在他的回忆录中，艾森豪威尔着重描述了在美国建立一个新的公路体系的重要性，他说："即使是那里的道路反复铺设，有时是混凝土，仍然有很多的麻烦。"第二次世界大战后，他指出，"老车队的经历让我认识到双向高速公路的重要性，德国的高速公路让我看到了他们的智慧和更宽阔的道路"。在他就职后不久，艾森豪威尔向国会提出了关于建立横跨美洲大陆的公路系统的建议。1956 年 6 月 26 日，艾森豪威尔签署了"国家州际和国防公路法"，并在联邦公路系统上进行重建。第一次联邦政府将支付 90%的高速公路建设费用，各州仅支付 10%的费用。1956 年的公路信托基金法案增加了汽油和轮胎税，随后的联邦公路法案提供了进一步的融资。原计划是在 1969 年建造 41000 英里的道路，但最终建造了 46876 英里长，共计 37 年。

第二节　美国道路交通情况基本介绍

按理说，车越多，车和道路的矛盾就越突出，但美国的交通拥堵问题并不突出，很少看到严重的交通堵塞现象。尽管道路上汽车流量很大，但交通状况基本正常，车辆运行有序。矛盾为什么能够这样有效地得到化解？美国人又是如何解决所谓的城市道路交通发展的症结呢？

一、路网分布合理，道路四通八达

第二次世界大战结束以后，美国为了增强战争时期调动部队和输送战争物资的快速反应能力，动用了大量的人力、物力和财力，建成了一个以高速公路和国家干线公路为主的全国性现代化公路运输网，成为当今世界上公路最长、设施最先进、路网结构最完善的国家。美国的高速公路和一级公路的建设等级高、车道多（最多的有 16 条车道），且基本上是单向行驶，中间隔离带很宽。城市与城市之间多为封闭式高速公路，道路通行能力强。城市内道路基本上采用单向行驶方式，最大限度地避免平面交叉，确保道路通行能力。从整体上看，美国道路交通规划、道路设计比较科学，路网分布合理，主干道横向和纵向交叉贯通全国，与主要城市连接，道路相交多采用立交方式，主干道交通畅通无阻，形成全国交通网络。

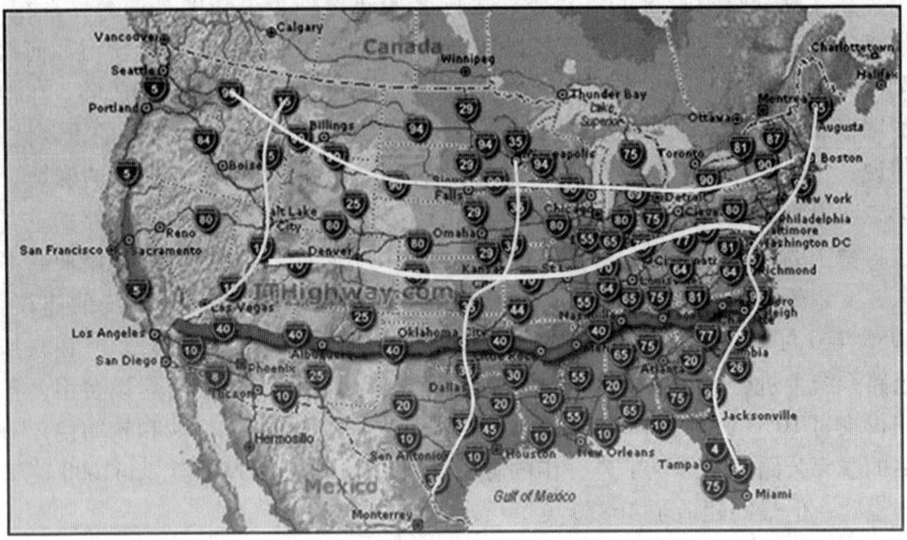

图 5-1　美国高速公路网络及其编号

美国的高速公路分为州际高速及其辅路、国道和州内公路。州际高速全线至少四线行车，横穿美国（从东到西或者从南到北）。其标志为蓝底盾形，白字书写公路编号，由一位数或者两位数命名。东西走向的以偶数命名，南北走向的以奇数命名。奇数路从西到东数字依次增加（如最西边 I-5，最东边 I-99），偶数路从南向北依次增加（如最南边 I-4，最北边 I-96），其中以 0 或者 5 结尾的路为最主要公路（如 I-5、I-95、I-10 和 I-90）。

以三位数命名的公路为辅路，通常分布在城市周围。这些路和州际公路的主路相连，扩展了州际公路的覆盖范围。在命名上，由一个数字加上最近的主要公路的两位数路号组成。由主路延伸出来但没有折返回主路的公路的三位数编号的第一位是奇数；由主路延伸出来但是会折返回主路的公路的三位数编号的第一位是偶数。

美国国道（U. S. Highway）的特点是有较多部分是高速公路，一般是水平或者垂直的，许多路段是各城镇的主要街道。其标志为白底盾形，黑字书写公路编号，并外框黑色背景。加利佛尼亚州是唯一仍在使用旧式镂空设计的州。前两类的公路建设主要是联邦政府，州内公路主要建设是州政府。州内公路通常是由主干道和二级公路组成，主要连接各个城镇和州际公路，长线路较少，高速路较少。

图 5-2　贯穿美国东部南北 I-95 高速公路上的交通标志，495 和 295 是 95 号高速的环线分支高速，高速出口序号代表从起点到当前出口的里程数

二、道路通行秩序良好，通行效率高

美国汽车人均保有量是我国的 4 倍多。城市道路和高速公路除机动车外，行人和自行车非常少，交通类型单一。交通参与者遵守交通规则的意识较强，严格按照交通标志和信号灯的指示通行，遇有行人横过道路时，车辆会主动减速停车，示意行人先行。人们普遍遵守交通规则，按照交通信号、标志标线通行，遵守限速规定，各种车型保持均衡的行驶速度，各行其道，不随意并线。

特别是在许多没有交通信号灯控制的交叉路口，驾驶员都能够按照让行标志先停车瞭望，然后交替通行。遇有交通事故、道路施工等情况，车辆都能够在本车道内排队等候通行。因为交通秩序良好，车辆通行速度较快，普通道路平均时速在 50－70 公里/小时，高速公路时速不低于 100 公里/小时，保持了较高的通行效率。

图 5-3 没有交通信号灯的四向停车路口，车辆按照先到先开的原则依次通过路口

在美国纽约、华盛顿等城市也普遍实施了单向交通规则，加上完善的交通信号控制措施，整个城市交通显得忙而不乱，畅通有序，鲜见大面积的交通堵塞，这关键在于有完善的路网和科学的交通组织。虽然机动车流量大，高峰期行车慢，但交通流能够循环起来，整个城市的交通始终呈现井然有序的运行态势。

第三节 美国的交通组织及管理方式

一、通过管理提高行车速度

在路网规划建设比较合理的基础上，美国更注重的是通过管理和法规提高行车速度。从理论上说，提高行车速度就等于新建道路。美国纽约、华盛顿等大城市主要采取以下几种科学管理方法。

（一）适时变动车道

美国繁华的中心城市大多数是工作区，市民主要居住在中心城市周边的郊区。例如，华盛顿市，政府和大公司的雇员住市内的极少，绝大部分住在包围着华盛顿的弗吉尼亚州北部和马里兰州南部地区。因此，每天早上大量汽车涌入市区，而一到晚上又大量涌出市区，形成进出城区两大高峰。为此，交通部门根据交通流的变化，变换部分车道行驶方向，以疏导车流。例如，有的 6 车道的主要出入城干道早上通过交通标志的变动只留 1 个出城车道，其他 5 个车道全部改为进城车道。到了晚上则相反，5 个车道供出城车辆使用，只有 1 个车道可以进城。

图 5-4　华盛顿 395 中间的双向车道，限多人车辆通行，早晚出行高峰时段，转变车辆行驶方向

（二）鼓励车辆满载承客

美国的许多城市对于高载客量的车辆给予优先权，特别对待。不少道路设有高载客车（HOV）车道标志，两人以上乘坐的轿车和公共汽车才可以使用这种基本上畅通的车道。为鼓励人们减少单人开车、提倡多人合乘车辆和乘坐公共汽车，有的州市推出了优惠过桥收费措施，目的是鼓励大家少开车，提高小车的乘车率，缓解交通拥堵现象；鼓励市民合乘车辆，允许载有 3 名以上驾乘人员的车辆进入专用合乘快速车道行驶，并免收通行费和过桥费等相关费用。这些措施的推行，为城市交通的顺畅提供了有力保障。

图 5-5　高载客车道要求在规定时段仅限 2 人以上车辆通行

（三）双向变车道

美国道路上车速较快，因此在双向车道中间设置一条变车道。变车道的主要作用就是给需要进入两边路口的车辆提供一个缓冲的路段，双向来车都可以进入该路段等待，不影响直行车辆的速度，等待直行车辆通过后，即可通行。

图 5-6 道路中间的变车道

（四）实行单行线通行

美国单行道路多，高速公路全是单行（或中间宽隔离），城市内道路也大多是单行，纽约市最繁华的曼哈顿区有通车道路 280 多条，其中 251 条是单行线，占 90%左右，最宽的单行线有八个车道。即使是双行线，中间也全用双黄线或连续的水泥墩隔离。

（五）加强路口管理

路口是发生交通拥堵的最主要地点。在上下班高峰时间，多数城市的大多数路口都禁止机动车左转，少数可以左转的街口均设置左转弯信号灯和左转专用车道。同时，禁止直行车辆进入堵塞路口。即使是绿灯时直行，若直行后可能会堵塞路口就不能直行，因为车辆堵在路口属违章行为。因此，虽然市内早晚高峰时车辆非常拥挤，但路口总是畅通的。

二、交通标志标线设置合理

（一）交通标志标线齐全

在美国，道路语言及安全设施完善，各类交通设施和交通标志种类齐全、设置合理，图标清晰明了，限速、单行、指路等标志齐全、实用、有效，对交通管理起到了极大的辅助作用。

美国的道路标线普遍使用热溶反光漆和反光道钉，显示清晰且划线合理、讲究，变换车道指示、导向箭头、专用车道等在路面上显示得非常清楚。与道路标线相适应，交通标志牌多以龙门架或悬臂挂在车道上方，十分醒目。标牌种类以绿牌（指示）最多，指引道路名称、里程、地名、方向等；黄牌

图 5-7 车道线清晰明了

（警告）次之，提示路权、危险地段；红牌（禁止）比较少。

图 5-8 高速公路的出口按里程数进行统一标号

道路上还有许多可变标志，主要用于堵车时提醒车辆改变流向或变更车道行驶方向，车管所对机动车驾驶员安全驾驶、依法通行的所有要求，均显示在这些交通标志标线上。例如，在右转车道设置了“只允许右转”标志，提高右转的通行效率；在路口设置了“不允许堵塞路口”标志，纽约市还在标志上增加了不遵守规定的处罚“罚款、记 2 点”，驾驶员在看到前面路口堵塞时，就不再进入路口区域，避免一个方向道路堵塞引发大面积拥堵。在需要特别注意的事故多发地、上下坡、山区弯道、桥梁限高限重、行人或动物横穿区等路段必需设置警示、指示标志，甚至必要的安全防护设备。

（二）交通标志标线设计合理、色彩鲜艳、设置科学

一是城市道路很少设置大型交通标志，一般按照既能够满足驾驶员观察需要，又能节省资金的方案设计，将交通标志全部显示在视野范围内，不需要驾驶员分散精力寻找或者抬头、转头观察。城市道路的交通标志不仅在路

口设置，而且在到达路口前的一个合理位置也需设置相关提示信息，提前告诉驾驶员改变车道，避免到达路口后临时变道引起交通事故或堵塞。二是出入高速公路的匝道限速值呈递减（递增）式设置，使出入高速公路的车辆有时间逐步降低或者增加车速；出高速公路的匝道与其他道路间设置平交信号灯，在匝道出口设置专门的信号灯提示牌；高峰时段的高速公路入口会通过信号灯分批间隔放行驶入车辆。三是道路施工标志。道路作业施工标志使用橘红色，颜色醒目、警示性强。四是在没有隔离墩的公路中线和高速路两侧车道边线设置凹槽带，用车轮震动提醒驾驶员不要驶出车道。

图 5-9　主要交通标志使用鲜明的颜色和简单明了的图文

（三）交通标志标线方便、实用、节约

主要体现在以下三个方面：

1. 美国城市道路、公路的标志设置既讲求实用，又追求经济、节约。一方面，交通标志样式简洁，内容指示清楚。城市指路标志仅仅使用一块条形板，标明道路名称、方向、街区等内容；公路交通标志显示体面积大、材料好，固定物简单廉价。另一方面，交通标志标线设置简单、明晰、易懂、充足、完善。由于美国各州的具体法规不同，所以交通信号、标志的设置要易懂，特别是指路标志要明确。在美国，无论城市道路或公路，指路标志设置规范、清晰、连续，只要按指路标志就可到达目的地。

2. 渠化交通，注重交通安全。路口、路段多余的路面空间一般以斑纹线填充，不作为车辆行驶空间，避免车道过宽出现挤车现象；在路口进入渠化处，一般设置“鱼肚”线，避免直行车误入左转专用车道；在有条件的路口设置安全岛供行人过街停留；在路口内划设导向线，标定车辆安全行驶轨迹。

3. 增加照明，提高路面标志标线的视觉效果。高速公路的大型标志、上下匝道标志一般都设有照明灯，方便驾驶员及时识别交通标志。

第四节　发达的公共交通环境

一、地铁

美国公共交通发展十分迅速，地铁是人们最主要的出行工具。纽约的地铁线路四通八达，共有 28 条线路纵横交错，线路总长 1140 多公里，490 个车站遍及全市各地。在纽约和其他城市，公共汽车也很常见，如纽约就有 224 条公共汽车线路，线路总长 3000 多公里。而且，许多地铁和公共汽车都是一年 365 天全天 24 小时运转。据统计，纽约公交系统每年运送的乘客达 24 亿人次，是北美地区最大的公交系统。

图 5-10　纽约公共汽车和时代广场 8 条地铁线路入口

美国交通部门规定地铁卡可以在公共汽车上使用，划卡后两小时内可以免费乘坐一次公共汽车，极大地方便了地铁与公共汽车之间的换乘。据统计，在纽约市曼哈顿中央商业区工作的人中间有五分之四的人选择公共交通作为自己的主要出行方式，以避开拥挤的交通和昂贵的停车费用。如果没有公共交通，曼哈顿地区的交通流量将增加一倍，而曼哈顿中央商业区外围地区的交通流量也将增加 20%。另外，这些城市的公共汽车系统还有先进的控制中心，保障提供快捷、准确的服务。

二、快速公共汽车交通 BRT（Bus Rapid Transit）

美国在大量进行轨道交通系统投资的同时，努力改善公共巴士的服务质量。很多城市如波士顿、丹佛等都使用 BRT 小公交系统，特点是快速、舒适、运行速度高，可以转乘。我国的厦门、广州、合肥等地也建立了 BRT 小公交系统，可以有效减少出行时间，包括来去公交站点、等待车辆、换乘车辆以及其间步行的时间。

图 5-11　城市里的公交系统

三、停车换乘公交系统

美国许多大城市都建设了完善的停车换乘系统。停车换乘常被简称为 P+R（Parking and Ride），是公共交通服务的一种，该服务将公共交通与停车场联系在一起，即乘客把私家车集中停放在城市中心外的停车场，然后乘坐公共交通服务车辆，如公共汽车、城市轨道交通或通勤铁路进入市中心。乘客白天将车辆停放在 P+R 停车场后换乘公共交通，夜间再乘坐公共交通返回停车场，将车辆取回。停车换乘服务一般设置在城市的郊区或者大型城市圈的外围，用于截留进入城区的车辆，以减小城区的交通拥堵压力。

图 5-12　纽约城市周围停车换乘系统和地图分布点

四、先进的校车管理制度

美国政府于 20 世纪 60 年代中期建立了校车制度，该项制度规定，居住地离学校周围 1 英里以外的学生都可以乘坐校车上学，这样不仅解除了家长的后顾之忧，而且避免了家长开车接送学生给交通带来的压力。据统计，目前美国约有 45 万辆校车，54%左右的中小学生通过校车上学，校车全年接送学生达上亿人次，形成了一个高产值的“校车产业”。

美国交通部近年来颁布了 36 项可用于校车的《联邦机动车辆安全标准》。这些措施包括：

一是校车统一为黄色，能承载 9 名乘客以上；联邦法律详细规定了校车车体结构、防倾覆保护、刹车装置等 34 个方面的要求，在这种高标准下，美国校车由专业厂商制造，质量高，造价昂贵，有“客车的设施、卡车的骨架”之称。据有关报道，美国校车把“悍马”都撞毁了，而自身毫无损伤，由此可见美国校车质量之优良。

二是各州给校车驾驶员制定了一套标准的筛选、训练和监督程序，以确保其能力、专业知识与责任感都能达到要求；校车驾驶员都是经过特别挑选的专业驾驶员，大多为女性，因为女性比男性更加细心谨慎。法律还规定，一个驾驶员如果在四年内的罚单超过三张，就没有资格当校车驾驶员。

三是美国财政对校车产业给予补贴，每年要为一个学生坐校车支出 400 多美元，这项经费由美国各级政府财政支出予以保障。

四是将校车列为城市安全防卫的重点。立法规定，将校车纳入政府反恐怖安全监视系统的保护范围，任何对校车的攻击都将定为联邦罪行，要判 20 年至终身监禁。

图 5-13　统一规范的校车；学生上下车，其他车辆必须停车让行

五是给予校车优先权。有些州的交通法规规定，当校车的红灯闪亮时，道路上的双向来车，包括正要到达路口的车辆，都必须停车，如果道路中间有隔离物，校车所在路另一边的车辆可以继续前行；校车的红灯熄灭后，其他车辆要等到下车的学生离开行车道后才可以前行。

美国校车的通行优先权与警车、救护车、消防车是一样的，甚至优于救护车和消防车。“9·11”事件之后，美国政府和学校更加重视校车安全。在多种措施的共同保证下，校车成为美国最安全的交通工具之一。

第五节 停车管理

美国是“汽车王国”，如果停车问题得不到很好的解决，就会给道路交通和社会管理带来极大的麻烦，为此，美国政府高度重视停车场的建设和管理。美国的城市规划部门在设计一座大楼时，都要通过估算大楼的用车情况来规划停车场大小，以适应停车需要，停车场建立后，不能挪为他用，否则按有关规定严处。市区繁华地带的公共停车场多数是多层次的，停车泊位基本上能满足停车需要，停车场出入口均采用自动化设施，通过计算机管理，节省人力。大多数停车场采用综合性的停车场诱导方式指引驾驶员停车，有的还利用停车场配置图或无线电广播等方式为驾驶员提供停车信息。

一、大型停车场建设

在美国芝加哥市区很少看到停在路边的机动车，因为每座建筑物都有地下停车场，甚至停车楼，在进入市区的地铁站旁也建有大型停车场，停车十分方便。停车场前一般都设有注明车位数量、收费等信息的指示牌。有的停车场出入口建造在道路中央，从左侧车道可以直接驶入停车场，也可以从停车场直接驶入道路，非常便捷，减少了交叉行驶，提高了道路通行能力。

美国停车场遍布城乡各个角落，既有可容纳五六千辆汽车的大型停车场，也有容纳数百辆汽车的中型停车场，可停放几十辆汽车的小型停车场更是不计其数。有的城市中心繁华路段也允许在路边停车，但大多安装了计费表，实行收费管理。

图 5-14　芝加哥的停车大楼和大型停车设备器

二、路侧停车管理精细

美国旧金山市在路侧停车管理方面，从管理规范到标志设置再到管理手段都体现了精细化的管理理念。停车管理局针对不同车型、不同时间、不同道路状况设置了不同的收费标准。如白天要高于晚上，停车两小时成倍收费；纽约中心区域的公共停车场一小时收费 40 美金，但在非繁华路段，停车费就会相对便宜。全部停车规定都可以在设置于路边的停车标志牌上找到。

图 5-15　道路两旁的停车信息牌和停车计时表

美国城市道路在驾驶员想停车、能停车的地方，都设置了是否允许停车、停车方向、停车时间、收费标准的停车标志。停车管理局在规划停车泊位时，充分考虑了城市道路交通状况与停车需要、道路畅通与驾驶员停车便捷性，以及不同车型的停车需求。

路侧停车的规定主要有三类：一是分时段、分车型的收费停车泊位。驾驶员需按规定向道路两侧的停车收费机投币，每半小时 0. 25 美元，过期不续费就可能被罚款 25 美元。对小型载客汽车，市内繁华商业区每天上午 9 点至下午 5 点除路边收费停车位以外不准停车，而在时限以外可在路边停车。对大型、中型载客汽车，设置专门的上下客停车泊位；根据周边环境，还增设了大型、中型载客汽车停车时应当关闭发动机的规定。对物流车辆，在繁华商业区商店门前可以停车 30 分钟以装卸货物等。二是对住宅区道路停车实施限时管理。白天在住宅区道路上不能连续停车超过 2 小时，否则就可能被罚款。但是，住户可以通过邮寄方式向停车管理局购买一个车位的全年停车权，停车管理局邮寄一个标志贴在车尾保险杠上，供检查识别。如果没有标志而停车超过 2 小时，就可能会被罚款 25 美元。三是无条件禁止停车。消防通道、消防栓附近等区域设置了无条件禁止停车的标志，其他道路基本不设置。

图 5-16 专职停车管理人员

停车管理局雇用巡查执法人员在市内风雨无阻地全天巡视，发现违法停车就开罚款单，罚款数额一般是 25 美元，根据违停的地点、时间的不同，罚款数额也会有所变化。违停信息和罚款数额都记录在计算机内，并通过邮递信件的方式寄至驾驶员的通信地址。

三、路侧停车的标志标线齐全

几乎所有街道都通过施划在路缘石的红、绿、白、黄和空白 5 种颜色的标线及路边的标志表明停车类型、收费标准、时间许可和适用法律文号，驾驶员可以很方便地了解各个地点的停车规定。设置在道路两边的停车标志也详细说明了停车时间，即每周的哪几天的哪些时段可以停车和停车时长。每个停车场都设置了残疾人专用停车位，并且用蓝色标线专门施划，非常醒目。

图 5-17　路边停车场的收费标志牌

第六节　以预防犯罪为主导的交通环境设计

美国交通工程设计采用环境设计预防犯罪（Crime Prevention through Environmental Design，CPTED）的策略。CPTED 是一种面向问题的警务模式，它充分考虑执法目标所在的环境条件引发犯罪的可能性，通过调整环境来减少犯罪的发生。近年来，越来越多的交通部门开始采用 CPTED 的方法来指导交通设施（如停车站）的设计，合理地利用空间、地形、照明、绿化、监控等措施来提升交通设施的安全性，对犯罪人员起到阻止和威慑作用，降低恐怖袭击和其他犯罪行为发生的可能性。而新近发展起来的生态学方法从犯罪的环境背景角度出发，分析犯罪发生地的环境特征，采取自然和被动的策略，通过调整优化建筑和周围环境的光照、可视范围、出入口设计、绿化带设计来达到预防犯罪的目的。生态学方法为预防犯罪提供了一条新的思路，并且应用到交通领域里的预防犯罪和事故的发生。

通过环境设计有效预防犯罪是基于四种设计和使用原理，目的在于减少犯罪发生的概率，让有犯罪心理的人增加犯罪恐惧感，从而改善生活质量。这些原理简要定义如下：

一、环境设计原理的简要定义

1. 监控电子和机械设备，辨别所处位置的物理特征、行为活动以及人的位置，可以提高环境中的预见性，可以检测违法行为产生的风险，同时为合法用户带来一定的安全感。

2. 访问控制。通过应用电子和机械设备、人员以及自然措施，让有犯罪心理的人员增加风险感，增加他们接触风险的难度，也可以指导用户如何在一定环境中确保安全。

3. 领土加固。运用物理特征来定义环境的所有权，并对活动进行控制，同时划定公众有没有访问权限和空间的区域。

4. 巩固维护。允许继续使用空间用于其预期的目的，维系有效的监控，可以确保对管辖区域的访问控制，使属地安全得到有效控制。

二、环境设计的主要措施

1. 监控措施：监控措施主要是使用电子和机械设备，以及各种物理手段，来提高环境的可预见性，监控的内容通常来自人们在该区域的正常活动。

2. 照明：尽量在夜间照亮外部区域，这样可以确保人们可以清楚地看到外界环境和线路标志，知道行进方向，照明的强度和光线应该保持一致性，这样可以减少阴影和照明区域的对比度。在偏僻的隔离区域尽量不要使用灯光，这样可以减少灯光对人们的误导；不要依赖临近物业的路灯或者其他夜间照明装置；使用定时器或者光电管进行自动控制，在黄昏时打开，在黎明时自动关闭，同时使用运动传感器进行检测，检测到可疑物时可以自动打开。在自然光存在不足的情况下，可以提供室内照明，如在走廊、电梯或者停车场等建筑物里。

3. 园林绿化：树木和灌木要远离照明设施，尽量确保绿化不阻挡照明设施的灯光。不要在人行道上种植任何植被，确保没有人隐藏或者躲避在植被后面。植被绿化要具有实用性但尽量不要改变天然地形，要为邻近街道和繁华地区提供畅通无阻的视线。

4. 住宅规划：在住宅内，应该确保在室内能看到街道和相邻房子的入口。确保前廊有良好的视野可以看到街道的景观。将车库放置于房前或者房后。在可行的情况下，将房子的边角设计成直短的而不是弯曲的，有角度或者狭长的，在不改变自然地形的情况下，可以清楚地看到街景而不留死角。街道是住房和公园、游乐场、学校、商业发展等之间的缓冲区。如果不需要隐私环境或不怕噪声干扰，可以使用开放式栅栏而不是水泥墙来设计外部楼梯、走道、阳台和露台，露台栏杆最好是开放性的，而不是实心墙。

5. 停车场设计：停车场或车库的结构应该多使用柱子而不是内墙；墙壁和天花板使用白色或浅色油漆；使用外部开放式的楼梯结构；放置镜子来提高角落的可见性。

6. 户外广场设施设计：在户外广场可以安装长椅等，让人们可以在街道、人行道或者露天场所观察各种外界活动，同时座椅的设计应该考虑舒适感，但不能适合睡觉或者玩滑板。监控在此时可以用于预防人们抽烟、饮酒、扒手、嗑药等其他被禁止的行为。户外广场的位置和设施可以吸引大量的人们进入，在一些能见度低和使用率低的设施上可以安装监控设备，如篮球场、棒球场或者餐饮区域等。在使用率高，活动人数比较多的区域，有着天然的优势如能见度高，人们可以在自然环境中互相监督，如洗手间、付费电话亭、邮箱、洗衣房、ATM 机、公共汽车站、自行车停放处、停车场、慢跑步道等。在通往或离开建筑物的人车流量较大的通道上有自然监控，但也仅仅是在直线区域内。要观察垃圾桶等容器后有没有可以隐藏人的空间，或者可以隐藏在垃圾桶周围，如靠在周围的墙壁或栅栏上。在混合住宅区域，区域活动丰富，人流量大，也就增加了额外的自然监视，可以在这些区域找到共享停车位或者错时停车场，如平时上班时使用、周末给教会等使用，以增加人们在该地区的活动时间。

7. 访问控制：安装开放式围栏，如铁链或者锻铁，除非需要实心墙以增强隐私或减少街道噪音。开放栅栏不会妨碍可见性，而且难以攀爬，不易被人涂鸦影响。锋利的栅栏仅适用于农业和一些工业区。还可以沿着墙壁种葡萄树，以阻止进入和防止涂鸦。围栏、墙壁和门应至少高 6 英尺，让人们无法爬过它们的水平点。在锻铁门上安装防护罩，以防止人们从其外部通过或穿过，或预防人们通过杆、电线等进入。

8. 领土加固：领土加固是确保在一定环境中所有权和活动的控制。确定设定权限的空间区域或公共领域，并引导合法用户安全的通过环境。在公共和私人空间之间建立明确的界限，使用墙壁、栅栏、门、环境美化标志、路面处理等，确保领土的所有权和用途。对住宅区的街道，采取措施减少车辆交通的数量和速度，包括双向交通、路边停车管理、速度限制、减速带/隆起、各种类型的标志、遏制压痕、信号灯、行人过街设施等。在街道上设置障碍，让车辆无法通过或进入。限制居民停车，仅仅允许访客或游客、快递人员，以及其他服务人员临时停车。

9. 完善标志：安装标志要求人员必须执行禁止侵入、游荡、拉客、消费酒精饮料等要求。引导游客访问者进入建筑物和办公室。指定访客停车位，并设置警告标志，并将未经许可停放的车辆拖走。说明禁止活动的时间，如下午 10 点后没有访客。告知访客有监控设备。设置引导人们前往安全通道、紧急出口、紧急通信等相关标识，并制定向公众开放的私人空间的行为守则。

10. 设施维护：良好的设施维护能保护现有空间良好使用，更能保持其有效性，并通过使用监视确保属地的有效性，确保访问的合理性。设计和使用的材料最好是坚固而不容易被损坏、被偷窃等，如不要使用碎石块等。在墙壁、长凳、灯杆、一些标志等物体上涂抹抗涂漆或防涂鸦涂层。对屏幕、灯具和灯泡采取保护措施。

11. 园林绿化：成熟树木至少距离地面 8 英尺高再使用遮挡篷。修剪灌木应小于 3 英尺，除非要保护隐私或防止环境噪声，以确保这些植物不会阻挡任何景观，或者影响灯光照明或安装监控设备。例如，可以在空白墙或建筑物的侧边种植较高的灌木；可以在栅栏或者围墙旁边种植具有刺状叶或刺的植物，以防止侵入者爬过；在地面一侧的人行道上种植水平的灌木或植物，为人们提供坐下或者小憩的场所。

第六章
美国交通安全管理——严格但不失人性

第一节　交通执法管理

美国是一个联邦制国家，政府分三级（联邦政府、州政府、县和市政府），全国设有50个州3027个县。联邦法律、州法律相互补充，共同构筑起完备的道路交通安全法律法规体系。从立法上看，道路交通管理法律主要由联邦法律和各州法律（含州、县、市法律）组成，其中联邦法律相对较少，主要是对需要全国统一规范的内容予以明确，如交通信号、主要通行规则以及高速公路限速等。道路交通管理法律以各州法律为主，包括管理机构的设置及分工、驾驶证和车辆牌照管理、交通违法处罚、停车管理等，各个方面都有详尽、具体的规定，往往比联邦法律规定的更细致严格，且可操作性强，以保障政府各部门和道路交通参与者都有章可循。

一、法律法规及配套流程完善

（一）重视立法

严格执法是美国法治体系的基本特点。一些州（市）的交通法规有以下显著特色：一是规定很详细、很具体，有很强的可操作性和约束力。例如，汽车停放这一项在纽约州的法规即有十三条规定。

（二）重视路面交通标志

由于法规很多、很细，各州、各市又不相同，加之美国人口流动性大，

系安全带　　车离人必须至少1米　　让人行道　　校车红灯闪烁，不能超车

图 6-1　各种交通法规宣传标志

因此，必须由路面交通标志予以昭示。这些标志很大、很醒目，一目了然，美国人无论行车、停车全都按交通标志进行操作。

（三）重视路权原则

美国行车、停车很讲路权，路权的归属由交通标志、标线、灯光规定，如支道与主道连接道口，支道方向必须有一个红色停车让行标志“STOP”，有标志的一方就得让行，否则出事故就要负全部责任。在停车场必须按线停车，如果压线、跨线停车被撞，还得赔偿对方。路权原则使行车、停车秩序井然有序，培养了文明有序的良好风气和道德风尚。

图 6-2　路面上各种交通标志，如行车方向标志（左），四向停车交叉路口标志（中），给行人让路标志（右）

（四）违章后的高额罚款

在美国，交通违章的成本很高，而且是递进式的罚款，如纽约市规定闯红灯者，第一次罚 75 美元，第二次罚 125 美元，第三次罚 250 美元；超速行驶者，每超五英里，罚款增加一倍。纽约州还规定交通违章的罚款额最高可达 5000 美元，而且动态违章（即行驶中）比静态违章（即停放时）的罚款额要高许多。

图 6-3　每个停车场在入口附件都设有专门的残疾人停车处，违停重罚

（五）交通违章、事故与记点、保险等挂钩

对于不怕罚款的有钱人，美国各州的交通法规普遍规定了记点制度（类似我国的记分制度）。例如，纽约州规定 18 个月内记点超过 11 点，执照将被吊销。记点之后，汽车保险费（美国实行汽车强制保险）也将增加，最高可增加一倍多。对严重违章和交通事故责任者，法律规定可判 90 天以内监禁和 7 年以内有期徒刑。留下犯罪记录后，在求职及参与政治、社会生活方面都不受欢迎，前程会受到很大影响。因此，驾驶员普遍很遵守交通法规。

（六）交通警察执法流程如下：

1. 警察开出罚单，在罚单上记录违法行为和处罚依据。

2. 驾驶员到法院缴纳罚款。

3. 驾驶员有异议，可以通过诉讼途径对该执法行为进行诉讼，在法庭上和当事警察进行辩论，也可以聘请律师代为诉讼，法官做出裁决。

4. 既不诉讼也不缴纳罚款，将进入司法程序，视为犯罪。

5. 缴纳的罚款进入市财政，和警察部门的财务收入不挂钩。

图 6-4　交通违规罚单流程：警察开罚单，法院交费，或者上法庭申诉

凡是被警察查到违章的，警察开具罚款通知单（外地可现场处罚），通知

驾驶员在规定时间内到银行缴款；对不服处罚的，注明未按要求缴款，被罚者要在规定的时间到法庭听候判决，警察也会按时到达；如果既不缴款又不到法庭，则在次年后将被停止驾车。美国驾驶员信息实行全国联网，不论在何处违章，一旦上网就无法修改。一个驾驶员在三年内不能超过 9 点的违章记录，其中第一年 4 点，第二年 3 点，第三年 2 点。如有超过 9 点的违章记录，该驾驶员将被扣留驾驶证。这与我国的每年 12 分记录相比，美国的要求更高、更具体。

二、美国警察执法权威性高

美国警察执法权威高与他们的专业化水平密不可分。

（一）执法培训突出实战化

在美国，交通警察要在现职警察中产生，现职警察要成为交通警察必须经历 440 小时的专业培训。所有培训内容均从实际出发，紧密结合交通管理执法实践，突出实战性。美国警察平时十分注重实战训练，每周都必须进行一定时间的体能训练，每年都要进行有针对性的专业培训。例如，摩托车驾驶技能培训、各种安全装备的摆放、盘查讯问技巧、查处交通违法的方法程序等。又如，对查处酒后驾驶交通违法的系统培训包括了查缉战术、盘查技巧、确认方法、处理程序等。

（二）执法针对性强

交通警察根据议会法令，以容易引发交通事故的严重交通违法行为为重点，加强管理，交通警察所开出的罚单主要也是针对这些严重违法行为。例如，通过对交通事故的分析表明，超速行驶、酒后驾驶、疲劳驾驶、不系安全带等违法行为是容易导致交通事故的交通违法行为。因此，警察局每年都重点针对这些交通违法行为开展专项执法。近 15 年来，因酗酒、吸毒导致的交通事故高发，警察局用了很大精力打击这类交通违法行为。

图 6-5　警察交通执法武器装备齐全

三、严格但又兼具人性化

在美国，违法的成本和代价很高，所以大部分人都能自觉地遵守法律，但美国的交通处罚很严厉又不失人性化。

例如，有一次，笔者因着急上课，而路边停车表旁都停满了车，所以将车停到无停车表的路边，结果上完课回来，车上放了一个橘红色的信封，里面是25美金的罚款单，但罚款单的背面写着，“如果不知道情况可以免于一次处罚”。笔者抱着试一试的态度，向警察解释了情况，结果警察真的撤销了罚单，并详细讲解了学校停车的规则，并把车牌记录在案。这意味着第一次是可以给予机会的，但第二次就必须得交罚款了。

图6-6　看似普通车辆的警车在潜伏执法

美国很多警察是隐形执法，虽然平时看不见警车，但只要超速就能看到警车闪着灯追来。一次，笔者在限速70迈的路上开到了86迈，结果刚过一个路口，警车就开过来了，闪着警灯叫停笔者，一名高速女巡警检查了车的保险、驾驶执照后，向笔者阐述了超速驾驶的危害，并开了一个超级严重的罚单，151美元。这仅仅是一个方面，有了超速纪录后，第二年车的保险费用会提高，若再次因超速违法，罚款额度会更高，所以在美国违法是一件很不划算的事情。

第二节　驾驶员及重点车辆管理

美国的车管及驾管模式和我国不同，美国的机动车及驾驶员管理归属于车辆管理局（有的州叫汽车管理局，以下简称车管局），由政府部门直接领导，属于税收部门。其具体工作职责如下：

一、机动车登记

车辆注册管理既方便又严格，市民由车商处购得车辆，经过投保即可申请领取车牌。车辆每年（有的为二年）检验一次，由检查站或修理厂出具检查证明，办理有关手续。车商、车检站、修理厂依照法规接受车管局的资格审定和监督管理，挂牌营业，不合格者车管局可收回营业牌。

图 6-7 汽车管理局（DMV）营业大厅

机动车登记便捷、高效。美国机动车辆和驾驶员统一由各州设立的车管局负责。各州车管局在州辖各市、县分别设立办事处。州车管局主要负责机动车辆登记及管理、驾驶员办照及管理等日常工作，同时还负责美国公民身份证的制作和发放。为最大限度地方便公众办理相关车辆管理业务，美国允许汽车销售商代理顾客申请机动车登记注册手续，允许通过互联网、电话及流动办事处办理注册登记手续。车主为新车办牌时可自行选择个性化牌照，并可终生使用，但须缴纳选号费，如果选择有特别图案的牌照，则收费更高。在规定时限内办理好注册登记手续后，车管部门即通过邮局将新车牌照邮寄给车主，车主不用到车管局去领取。

汽车需要在 1 年至 2 年重新登记，登记时需要提供保险证明、个人财产纳税证明、汽车尾气排放合格证明、汽车安全检查合格证明，费用为 60 美元左右。登记成功后，车管局会在汽车牌照上更换新的标签，上面标注了登记过期时限，用鲜艳的颜色代表登记过期的年份。这样，警察在巡逻时，就容易鉴别车辆是否登记过期，过期车辆会收到罚单。

图 6-8　为了便于识别过期车牌，车牌上用不同的颜色标注车辆有效期的年份，左上角标注有效期的月份

二、一般驾驶员培训

通常是由当事人到类似于我国税务局的部门申请驾驶证，申请驾驶证有三个条件：年满 16 周岁、有社会安全号和住房合同。经体检，主要是视力测试后，再到该部门约定笔试，考交通法规，笔试题多为选择题，可用电脑答题，合格者颁发学车许可，意味着可以上路驾驶，但必须有年满 21 周岁，具有两年以上驾龄、无违章和事故记录的驾驶员在副驾驶作教员。

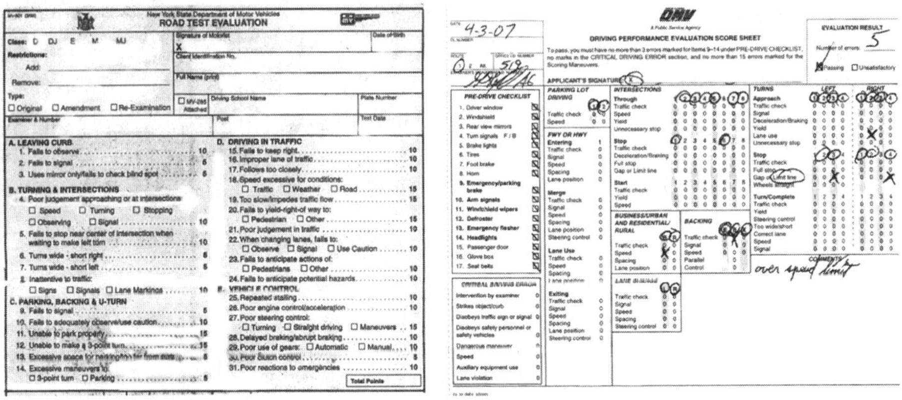

图 6-9　纽约（左边）和加州（右边）的驾照考试路考评分表

路考主要考驾驶操作技能和对交通法规的掌握运用，考试内容比较简单，因为考试都是申请人自己带车，考官在考试前会检查车况，所以申请人必须熟悉车的性能。对于非英语国家的申请人，要熟悉刹车、雨刷、远光灯、近光灯等英语说法。路考合格后可取得驾驶证，邮寄给驾驶员，时间约两周。驾驶证相当于身份证，也就是所说的 ID，要记录指纹，上面会标注驾驶证编号，驾驶员年龄、身高、眼球颜色、体重和家庭住址等相关信息。驾驶证制

作费用大约 22 美元，拿到后即可上路行驶。

三、职业驾驶员及特殊车辆管理异常严格

车管局对营运车辆和校车给予特别管理，经常派人上路检查车况，对这两种车在行驶上既照顾，又严格管理。这两种车的驾驶员为职业驾驶员，考试严格于一般驾驶员。

（一）营运驾驶员考试难度大

在美国，营运车辆驾驶员必须经过严格的考试，获得不同于普通车辆驾驶员的商业车辆驾驶证。在参加驾驶员考试时，一般有约 30 分钟的实际操作考试，包括 15 分钟的车辆安全部件检查和 15 分钟的道路实际驾驶。一般情况下，考试的通过率比较低，即使是多年驾龄的职业驾驶员往往也需要多次考试方能通过。

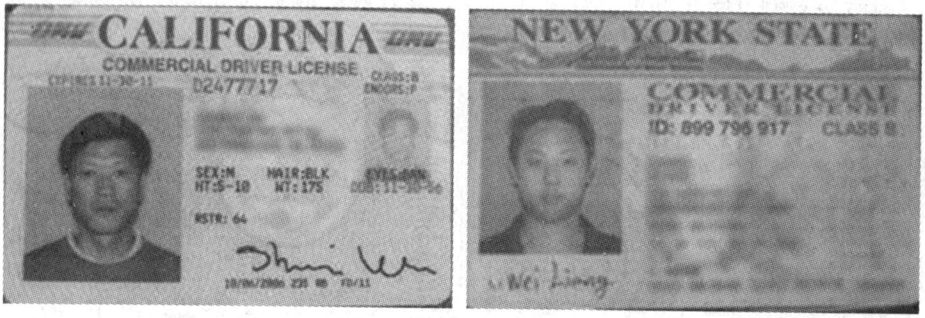

图 6-10　加州和纽约州的营运车辆驾驶执照

（二）严查营运车辆交通违法行为

在美国，交通警察十分注重营运车辆的违法管理，主要查处营运车辆的超载、超员、超速和疲劳驾驶等违法行为。查处疲劳驾驶的方法主要是查看驾驶日志，每个营运车辆驾驶员每天必须如实记录由美国交通运输部联邦车辆运输安全委员会印制的驾驶日志。美国联邦法律规定，警察根据记录内容判定驾驶员是否有疲劳驾驶等违法行为。该记录登记的内容包括：车辆安全技术状况、驾驶员作息情况等。而安全的驾驶经历、良好的驾驶行为记录对职业驾驶员非常重要，它不仅关系到其本人的就业，还关系到其保险费价格。

图 6-11　营运车辆驾驶员停车后填写行车日志

（三）营运车辆号牌明显区别于其他车辆

美国的营运车辆采用专用的车辆号牌以区分其他非营运车辆。以加州为例，营运车辆的号牌号码的编码规则为 XA11111（前 2 位为英文字母，后 5 位为数字），且营运大型客车号牌上标有“APPORTIONED”字样。

图 6-12　营运大型客车号牌上标有“APPORTIONED”字样

（四）货运车辆安全性能高

美国的货车绝大多数为封闭式的箱式货车。所有货车侧面和后面都贴有红白相间的反光标志条，粘贴规范，质量好，提高了货车的夜间安全识别性。货车车尾设有防撞护栏，护栏离地距离较短，可有效防止追尾事故发生时后方车辆冲击前方车辆尾部。货车还普遍安装了轮胎自动充气装置，该装置能够在车辆行驶过程中监测胎压，一旦发现胎压过低或过高，会自动充气、放气，保证胎压正常。

图 6-13 封闭式的标准箱式货车

（五）道路通行要求更高

美国对营运车辆的通行条件提出了很高的要求。例如，道路交通信号灯红灯亮时，普通车辆在不影响行人通行的条件下可以酌情右转，但营运车辆是不允许的；在通过无人值守的铁道口时，营运车辆除了要停车观望外，还必须开启危险警报信号灯。

（六）记点记分高

美国一般驾驶员每年度记 12 点，而营运性大客车驾驶员每 5 年仅为 8 点，一旦记满 8 点就要吊销驾照。因此，在美国驾驶车辆，特别是驾驶营运车辆，驾驶员都能非常严格、自觉地遵守信号灯、限速、驾驶时限等规定，不敢违章。雇主雇用职业驾驶员通常要求其提供近 5 年的驾驶行为记录，记录不良者将被拒之门外。

（七）预防疲劳驾驶的详细规定

为防止可能出现的疲劳驾驶情况，美国部分州对营运车辆制定了十分详细的规定。对于客运车辆，驾驶 10 小时后，要停运 8 小时；7 个连续工作日内工作不超过 60 小时，如没有车辆工作记录或制作虚假工作记录，要停运 8 小时。对于货运车辆，驾驶 11 小时后，要停运 10 小时；7 个连续工作日内工作不超过 60 小时，如没有车辆工作记录或制作虚假工作记录，要停运 10 小时。

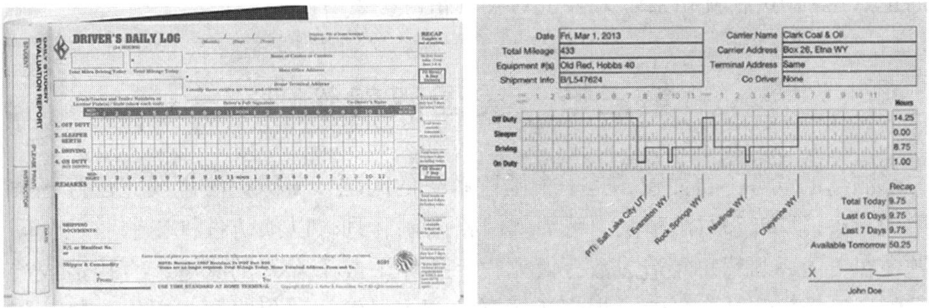

图 6-14　驾驶日志上面详细记录休息、驾驶时间和到达地点

四、交通违法成本高

在美国，交通违法不仅要支付罚款等经济成本，严重的可能还要面对有期徒刑等刑罚处罚，甚至终生失去驾驶资格。

（一）经济成本

以超速为例，罚款是 400 美元，但超速数值每增加 15 英里，罚款数额会增加 150 美元。此外，还要对有交通违法行为的驾驶员实施记点和浮动保险费率。在纽约，驾驶员的记点最高为 12 点，每一点的有效期为 18 个月。记点多会导致其社会信用值下降，直接影响其贷款、保险、就业等。以保险为例，保险公司有权查阅车辆管理部门有关驾驶员安全记录的档案，可以按照法律规定，在 3 年内按照每点每年 30% 调高其保险费率，有良好驾驶记录的驾驶员的保费会降到每年 300-500 美元；驾驶记录不良的人，保费可能会提高到每年 3000-5000 美元。

（二）自由成本

当交通警察认为驾驶员的交通违法行为已经影响了交通安全，可能危害他人生命、财产安全时，会向法庭提出要求认定驾驶员危险驾驶，一旦法庭判决有罪，将面临有期徒刑 1 年至 7 年的刑罚，若酒驾，还要根据情况做一定期限的社区义工。

（三）驾驶资格成本

一旦驾驶员的记点达到 10 点，将面临没有保险公司为其承保的境地，而没有保险驾驶机动车将面临严重的刑事处罚（在美国没有保险驾驶机动车是犯罪行为）。在没有保险的情况下，驾驶员都不敢驾驶机动车。因此，驾驶员的记点达到10点就相当于失去了驾驶资格。

第三节 美国酒驾管理

酒驾的危害不言而喻，是一个亟待解决的问题，美国宪法以及宪法修正案第18条、第21条对酒精及酒精买卖严格限制管理，以预防各种犯罪及社会问题。在美国，酒驾每年造成数万人死亡，破坏了成千上万的家庭，直接造成严重的经济损失和社会影响。根据美国联邦调查局发布的犯罪调查报告，2013年全美约有116.7万人次因为酒驾被逮捕，占逮捕总数的10%；据美国联邦公路交通安全管理局发布的信息，2013年全美因酒驾死亡的人数为10076人，占交通事故死亡总数的31%；全球平均每两分钟就有1人因酒驾发生交通事故而受伤；美国平均每年因酒驾要花掉990亿美元的财政收入；美国平均每3个人中就有2个人涉及酒驾行为；每个成年人酒驾违法的成本是每年800美元；2910万人承认发生过酒驾行为；平均每个因酒驾首次被抓的人都曾有80次以上的酒驾经历；50%-70%酒驾的人在执照吊销期间仍然驾驶车辆。

如何治理酒驾，怎样治理，是美国政府和执法体系过去三十多年以来一直在实践探索的问题，从最初的严格立法到严厉的惩罚措施，虽有效果，但并未解决社会问题，酒驾行为依旧肆意张狂，于是美国社会各界制定各种预防性措施，与惩罚性措施相互补充，治理酒驾变成一种社会责任，要由内而外彻底根治酒驾行为。

一、惩罚性措施

惩罚性措施主要是执法系统通过对酒驾行为进行罚款、拘留和吊销驾驶执照扣留机动车、没收车牌、进行社区服务等，达到禁止酒驾的目的。美国共有50个州，每个州针对酒驾的处罚条款都各有不同，但一般认为血液酒精浓度超过一定阙值，如0.05%或0.08%，就可能构成犯罪。

（一）设定血液酒精含量限制

美国国家酒精滥用和酒精中毒研究所定义血液酒精浓度BAC（Blood Alcohol Content）达到0.08%以上为醉酒。但一般认为血液酒精浓度超过一定阙值，如0.05%或0.08%，就可能构成犯罪，事实证明严格实行驾驶血液酒精含量控制能起到预防交通事故的作用。据统计，美国将标准从0.1%降低到0.08%，美国发生的酒驾交通事故死亡率下降了6%，夜间单方交通事故死亡人数减少5.2%。近年来认定酒驾的血液酒精浓度标准更是日趋严格，从0.08%降到0.05%。

（二）严厉的处罚措施

美国每个州针对酒驾的处罚条款都各有不同。例如，在纽约，若酒后开车被捕，将面临1年以内的拘留，500美元至1000美元的罚款，驾照被吊销6个月以上；若因为酒驾第二次被抓的话，将面临4年的刑事拘留，1000美元至5000美元的罚款，驾照吊销1年；若第三次被抓，将判处7年的刑事拘留，2000美元至10000美元的罚款，驾照吊销1年以上。除当场吊销执照和入狱1年，对造成生命伤害的酒后驾驶员可以二级谋杀罪起诉，最高可适用死刑。驾驶员执照暂停或撤销是目前最有效的制止酒后驾驶行为的方法，自实施以来死亡率降低了5%。没收车牌是美国一些州行政司法制裁的手段之一，将因酒后驾驶被没收的车辆的车牌都刻有特殊标记，可以预防再次发生酒后驾驶行为的可能性。

（三）零容忍政策

根据世界卫生组织（World Health Organization，WHO）2011年公布的133个调查结果表明，52个国家中，39%的国家将酒驾的血液酒精浓度（BAC）设定低于0.05%；14个国家限定为0.08%；14个国家实施零容忍政策，将标准设定为0%。研究表明，针对美国青少年饮酒问题，当BAC设定为0%，青少年酒后交通事故死亡率下降了22%；当BAC容忍度为0.02%，死亡率降至17%；当容忍度为0.04%-0.06%，死亡率降低7%。在美国针对21周岁以下的驾驶员，有些州将血液酒精浓度设定为0.01%，严厉的惩罚措施让美国人聚会时很少喝烈酒，同时可以严控管理合法饮酒年龄，能有效地降低未成年酗酒以及相关问题，并且酒后驾驶的死亡率减少24%。可以看出，提高年轻人的法律意识是实现零容忍的一个关键因素。

二、酒驾发生原因及惩罚措施的局限性分析

（一）造成酒驾的四个主要原因

一是文化和经济原因。在美国，很多人将喝酒作为交友娱乐和放松的一种方式，也跟美国发达的经济有关，美国被喻为“车轮子上的国家”，私家车是主要交通工具，这样更增加了酒驾机率。二是安全意识低。通过调查酒驾驾驶员，发现都存有不会被警察逮住的侥幸心理，平均每位酒驾驾驶员都曾

抱有侥幸心理酒后驾驶过 80 次以上，甚至认为发生交通事故的概率比被警察抓住的概率要大。三是酒驾逮捕率低。根据美国联邦调查局统计，美国的酒后驾驶被捕率不足实际酒后驾驶人数的 1%，在美国驾驶员必须有明显的交通违法行为，警察才会叫停司机，加之酒驾大多发生在晚上，执勤警察比较少，且处理酒驾案件非常耗费时间，平均每起要耗费 2-4 小时。四是商家服务过度。过度的服务也会增加顾客酒驾的危险，尤其是顾客已经喝醉，但商家还继续提供酒精服务。

（二）惩罚性措施的局限性分析

加利福尼亚是美国第一个制定禁止酒驾法律的州，于 1982 年 1 月 1 日实施，认为血液中酒精含量超过 0.10%，即为酒后驾驶，并对酒驾的惯犯处以监禁，禁止对酒驾进行上诉。研究发现，这种措施采取的第一年，死亡交通事故有所减少，然而减少的数量并不是酒驾的死亡事故，因此不能体现惩罚性措施的威慑性效应。此外，通过美国严禁酒驾运动研究表明，惩罚性措施只会暂时减少酒驾死亡人数，并没有明显的效果，有以下原因：（1）大多数酒后驾驶员都不相信他们会被抓，存有侥幸心理，不会考虑到惩罚的严重性，惩罚的威慑性失去了效果。（2）警察、法官和陪审员们都认为关于酒驾的处罚过于严厉，他们不愿意去逮捕酒驾行为人，也不愿意给酒驾人员定罪。（3）酒驾人数增多导致监狱系统的负担过重，迫使警察减少酒驾执法行为的实施。（4）规定最低入狱时间，还有法院的延迟处理，使更少人认罪。（5）罚款是最没有威慑性作用的处罚性措施之一，因此酒驾的罚金是支付失败率最高的罚款。（6）严格执法障碍诸多，驾驶员必须要支持酒精测试，执行成本高，而且警察需要做大量的文书工作，时间消耗大，必要时还要出庭，若酒精含量非常低，则缺乏线索证明。

三、以预防性为主的酒驾管理措施

为了有效遏制酒驾行为，弥补惩罚性措施的局限性，美国实施了一系列的预防性措施。和惩罚类措施不同，预防类措施旨在通过各种途径、方法、措施和设计来改变人们的饮酒行为、驾驶行为、对酒驾的态度，从而预防酒驾行为发生。这些措施包括：

（一）预防酒后驾驶的相关法律政策

1. 提高最低法定饮酒年龄。在美国，所有州的法定饮酒年龄现在均为年满 21 周岁，这项法律有助于减少未成年人的酒后驾驶行为和避免酒驾引起的交通事故。1984 年颁布的国家最低合法饮酒年龄法案（MLDA）规定如果州政府不执行该法律，部分高速公路的联邦资助将被扣留。

图 6-15　美国法律严格要求酒吧和商家必须查验买酒者的身份证，确保其年龄超过 21 周岁，并把告示张贴在显眼的地方

2. 严格管理酒精贸易。控制酒类的消费对防止酒驾造成的交通事故和社会危害有着非常直接的帮助，如提高酒类商品的税收和价格，减少酒类打折促销活动，控制酒吧的数量，严格控制喝酒的年龄等。美国宪法赋予各州有管辖本州酒类贸易权，各州有相当大的权力，主要体现在以下三个方面的监管：（1）严格管控本州酒精零售，从而降低酒后犯罪。（2）将本州的酒类商品的生产、分配、销售、零售环节分开，以预防批发商和零售商的交互影响。（3）对价格和税收进行严格控制和管理，建立完善的酒精贸易许可证体系，管辖本州之外的批发商和零售商。主要有三个目的：一是严格限制酒类业务的操纵者；二是限制酒的类型、数量和销售网点；三是调节网点经营方式。美国大多数的州都对蒸馏酒的市场有严格控制，因为蒸馏酒对人体健康和公共安全的危害最大。

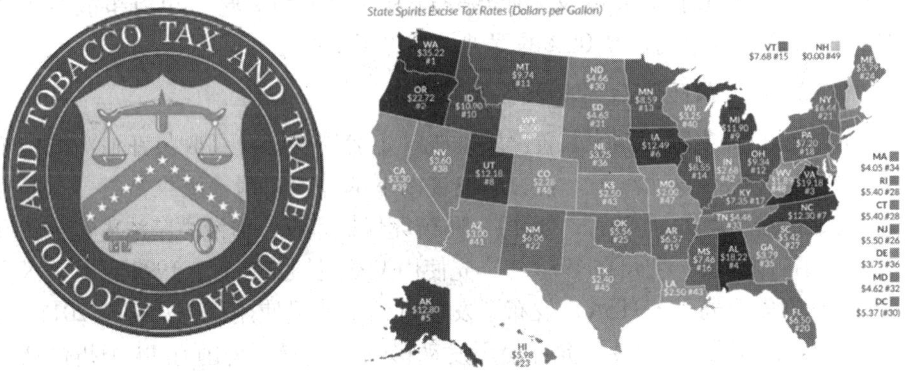

图 6-16　美国烟酒税务部门和各州的酒税

3. 商店认责制。据一项全国性的数据调查发现，如果商家严格管理酒类销售，会减少3%-4%青少年酒驾死亡率。该措施要求售卖酒精的餐馆、酒吧等在发现顾客已经醉酒，很有可能会发生交通事故时，要拒绝给顾客提供酒精饮品，否则一旦有车祸发生，该餐馆、酒吧会遭到起诉，负有连带责任。该措施遭到售卖酒精商店的抵制，有些州允许让餐馆、酒吧免除承担这方面的法律责任，但相关的损失和责任改由保险公司来承担，相应地，如果餐馆在对顾客的供酒上采取负责任的行为方式，保险公司会收取比较低的保费。若在饮酒后发生交通事故，也会根据情况追究销售酒精的商家，不仅要求责任赔偿，同样也会影响到酒精销售的许可执照。经营商要承担责任，包括员工的责任。自从开展商店负责制后，很多酒精消费者认为自己在酒吧里喝得酩酊大醉的次数减少，因为都会被店员有效制止。

4. 将酒吧设立在交通便利的地区，以减少汽车驾驶的必要。限制需要开车才能到达的酒吧的数量，把酒吧设立在离社区比较近，公共交通方便的地区，可以减少醉酒后开车的机会。

（二）执法体系设置预防酒驾检查点

设置酒驾检查点也是预防酒后驾驶的一个方法。警方设置检查点，驾驶员下车接受警方检查，随机进行呼吸测试。设置酒后检查点的主要目的是通过提高逮捕率而降低酒驾的危险，通过公共宣传提高酒驾检查的威慑作用，驾驶员开车时看到检查站，也能起到威慑和预防作用。截至2011年6月，酒后驾驶检查点已在美国38个州以及华盛顿哥伦比亚特区广泛应用，剩下12个州认为设置酒后驾驶检查点是违背州法律的。通过酒驾检查点的设置，有效地减少了酒驾行为以及跟酒驾有关的交通事故，由酒驾造成的人员伤亡事故和其他危险驾驶行为，以及无照驾驶行为减少了约20%，单方事故减少了6%，血液酒精含量超过0.05%的驾驶员减少了70%。

（三）使用预防酒后驾驶设备和服务

1. 安装汽车发动机锁定装置。发动机锁定装置是防止驾驶员在血液酒精浓度超过预定范围时发动汽车。它一般包含以下部件：酒精检测仪器、可重复性检测控制系统（如每隔20-30分钟）、防破坏保护系统、血液酒精浓度记录仪和引擎启动控制模块。加州在1986年率先使用发动机锁定装置；1992年，美国高速公路交通安全局（NHTSA）发布了发动机锁定装置使用规范；截至2011年，美国有49个州颁布了法律，允许使用发动机锁定装置。美国有14个州包括阿拉斯加、亚利桑那、阿肯色、康涅狄格州、夏威夷、堪萨斯、路易斯安那州、内布拉斯加州、新墨西哥、纽约、俄勒冈州、犹他州、弗吉尼亚州和华盛顿州要求对所有有酒驾记录的人强制安装汽车发动机锁定装置。2006 年到 2010 年，发动机锁定装置的使用次数从 100000 次增至 212000 次。但部分州，仅有 10%-20%的酒后驾驶人员被安装了发动机锁定装置。研究表明，发动机锁定装置能非常有效地防止酒驾，尤其是那些屡教不改的酒后驾驶人员。但一旦该设备被撤走，很难保证该驾驶员会不会重犯酒后驾驶。

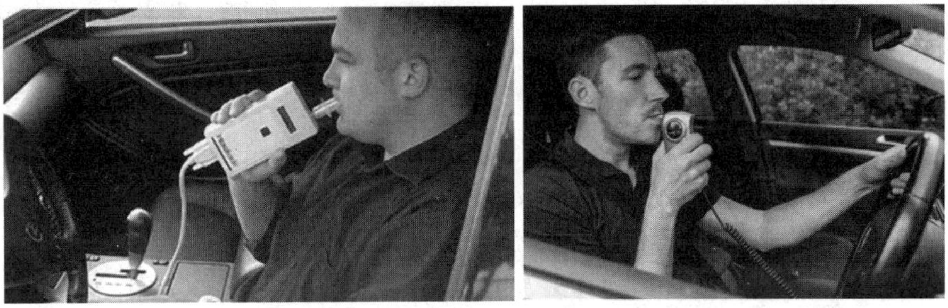

图 6-17　安装在汽车里面的发动机锁定装置，只有当驾驶员体内酒精浓度低于合法值才能发动汽车

2. 使用新的车内酒精感应装置。汽车交通安全联合会（Automotive Coalition for Traffic Safety，ACTS）和国家高速公路交通安全管理局（National Highway Traffic Safety Administration）推出了驾驶员酒精检测系统项目，用于支持研发新的车载酒后驾驶感应装置，用于有效地防止酒驾。

3. 给醉酒驾驶员提供代驾服务。代驾服务包括提供代驾驾驶员或者免费出租车。据证据表明，如果代驾服务是免费的话，喝酒后的驾驶员，尤其是那些喝得烂醉的，会很愿意使用代驾服务。这种代驾服务可以大幅减少酒驾造成的交通事故。最有效的代驾服务是把喝酒的人送到喝酒的地方，同时送他们回来。

4. 提供酒驾治疗措施。为酒驾重犯人员提供酒精饮料使用行为的评估、咨询和治疗。酒精的滥用和上瘾会对驾驶行为造成破坏性的影响，有效的治疗可以减少患者对酒精的依赖，从而减少酒驾案件的发生。

（四）宣传和教育

1. 发挥民间反对酒驾团体的作用。自 1980 年以来，美国越来越多的民间团体运动呼吁立法解决酒驾问题。美国最著名的民间团体就是 MADD（Mother Against Drunk Driving），于 1981 年成立后成员迅速增加，该民间团体呼吁对酒驾进行立法，并宣传酒驾的危害。总统委员会于 1982 年将酒驾问题列入了国家议程，关于酒驾交通安全的法案于 1983 年建立，通过金融激励机制促使各州提出交通安全完善建议以完成联邦法案，很多州如加利福尼亚州、缅因州先后颁布了酒驾治理措施。此外 MADD 呼吁社会各界为治理酒驾问题进行捐款，用于酒驾受害者们。

2. 营造反对酒驾的社区环境。在美国，约二分之一的酒驾行为是在朋友家的聚会中饮酒后发生的；三分之一是在酒吧或餐厅喝酒后发生，可见社区、朋友等是控制酒驾的一个重要因素。酒驾行为是由一定社区环境因素影响的，如酒的生产环境、酒的税收；或者一些相关的政策，如安全带、头盔等；也包括一些官方的或非官方的，如公司关于饮酒的具体政策；还取决于生活和工作距离的远近，通常住在农村或郊区的人们更容易发生酒驾行为，若人们住的地方可以通过散步和乘坐公交系统到达，则不容易发生酒驾行为。总之通过社区的宣传和引导，能改变人们的饮酒习惯和驾驶习惯，若一个公司制定严格的禁止饮酒政策，也会营造一个不喝酒的工作环境。例如，利用同龄人相互影响劝说的作用，呼吁年轻人做到开车不喝酒，喝酒不开车。

3. 紧抓宣传教育。通过大众媒体、学校课堂和其他信息渠道宣传酒驾的危害，包括通过展示酒驾事故的数字和伤亡的图片进行警示教育；从健康的角度宣传酒精对人体的伤害；通过健康的案例，安全驾驶的措施，让驾驶员拒绝酒驾；让同龄人互相劝说酒驾的危害以及对身体的损害。公众的态度和行为习惯虽然很难在短时间内发生改变，尤其是饮酒行为，但这种宣传教育可以帮助公众认识到酒驾问题的严重性和危害性。美国广告委员发出“醉酒后驾驶”计划，提升关于酒驾危险性的公共教育；美国国家公路交通安全管理局开展了“让你的朋友不要酒后开车”活动，同时也开展了一系列的执法活动，如“清醒时驾驶要么靠边停”“过线，被逮捕”。同样，一些社区和大学里也用酒精作为一种教育工具，帮助人们了解血液中酒精含量对应的不同的行为表现。

图 6-18 路边各种禁止酒驾的标志牌

4. 建立酒后影响项目计划。美国部分州针对罚款、监禁等处罚方式难以起到教育酒驾人员作用的目的，制定并建立了酒驾教育计划（Driving Under-the-Influence Program），旨在通过教育课程减少重复酒驾的人数。旧金山市就要求违法驾驶员在接受处罚的同时，必须完成酒后影响项目计划。以加州为例，加州针对不同情况设立了不同类型的课程。其中，初犯必须在3个月内完成30个小时的酗酒教育咨询课程；2次及以上酒驾人员，必须在18个月内完成52个小时的社工单独辅导、12个小时的酗酒教育咨询课程和6个小时的社区服务工作；3次及以上酒驾人员，必须在30个月内完成78个小时的社工单独辅导、12个小时的酗酒教育咨询课程和300个小时的社区服务工作。

图 6-19 社会上提供的各种醉酒治疗支持计划

杜绝酒驾是一个全球亟待解决的问题，美国针对酒驾管理采取了惩罚性措施和预防性措施并举的策略。既有关于酒精的相关立法，又从联邦、州到地方划定政府管理责任，执法部门也在预防管理中不断探索，逐渐将酒驾发展成为一个全社会共同参与的问题，引起社会重视和讨论，从而达到改变饮酒行为，树立正确的驾驶习惯，确保人们交通安全的目的。美国的诸多经验，如对酒驾的严惩不贷，对饮酒年龄的严格限制，提高酒精税收，发挥社区的强大作用，同时将驾驶行为记录跟个人的保险及社会信用相联系，对酒精的买卖严格管理，扩大社会宣传等，对我国预防酒驾起到借鉴作用。

第四节 交通安全宣传及事故预防

美国多年坚持实行以工程技术（Engineering）、执法对策（Enforcement）、教育对策（Education）为主的交通安全3E工程。

一、教育对策

（一）普及交通安全教育

将交通安全教育纳入义务教育体系，美国的中小学校每学期第一周都要进行以交通安全为重点的安全教育。

（二）针对性地开展交通安全宣传教育活动

美国每个社区都有相对固定的警察负责交通安全宣传教育，根据不同的种族社区，安排专门警察负责，这样更具亲和力。近年来，西班牙语系移民逐年增多，这部分人交通法治观念相对较为薄弱，交通伤亡事故相对较多，因此要针对西班牙语系社区开展宣传教育；因老年驾驶员事故较多，又专门设立了老年教育项目。

图 6-20　学校交通安全教育

（三）建立个人信誉档案管理

将交通违章作为不良记录存档，并与贷款、保险等紧密联系起来，这会影响到个人的工作、生活、社交等方面。用诚信制约个人，把公民遵守交通法律的情况公之于众，建立社会监督机制，促进公民守法意识的提高和公共道德的养成，这是教育和引导公民自觉遵守交通法律的有效方式。

图 6-21　行车违规记录是就业背景检查的一项重要内容，并且全国联网，以供查询

二、执法对策

美国各州议会每年都根据上一年交通违法和交通事故情况，修改重点交通违法行为的管理范围和处罚标准，并根据经济、社会的发展，修订车辆和驾驶员管理法规。

（一）政府定期召开会议研究解决城市交通问题

以旧金山市为例，旧金山市一直坚持市长例会制度。市长每两周召集各部门负责人，研究解决城市管理中遇到的各类具体问题。目前该会议制度已经坚持了100余年，共召开了4000多次会议。

（二）科学管理

为了掌握交通事故发生的基本规律，美国警方十分注重对事故的定量分析，如将近些年的交通事故有针对性地进行数据收集，再用社会科学软件SPSS进行数据统计分析，得出科学的结果，然后有针对性地制定政策法规和执法标准。

（三）消除危险路口路段的危害性

美国注重利用先进的技术和科学的手段获取信息，并及时对道路及其设施进行维护，使其经常保持良好的使用状态。具体的做法是对交通状况进行监控，及时获取信息，并通过计算机研究分析公路状况，确定公路是否需要维修改造。在主要交通路口和公路上每1英里处安装一个雷达测速仪，用来测量车速和流量，将这些数据输入微机，通过微机处理，将每个路口和路段按好坏分成A、B、C、D、E、F六等，A为最好，F为最差，对差的路口和路段进行改造、调整流量或增设交通设施等，这些措施先在微机上进行模拟试验，达到最佳效果后，据此决定整改方案。

测量点主要设在重要的或危险的路口、路段，以及城区重要场所和商业区附近。主要目的是为维修、改造道路提供依据。如果某一路段频发交通事故，警察部门则负责勘查现场、调查事故原因并对驾驶员进行处罚或提出司法诉讼，交通部门负责参与事故原因和道路状况有关的调查。如果事故原因与道路状况有关，交通部门还要及时采取措施，改善道路状况，防止类似事故再次发生。

（四）借鉴事故现场救援联动等做法

在事故救援方面加强应急联动。发生道路交通事故时，通常要有警车、消防车、救护车到达现场，根据事故情况还会请清障车和垃圾清理车到场，以确保人员抢救、事故处理、道路清障和环保清洁顺利完成。美国各级政府内都设有交通安全委员会，并建立了由政府主导、各相关部门积极参与的社会联动交通安全工作机制。交通运输、警察、法院、保险公司、交通工程公司、行业协会、志愿者组织等相关部门在政府交通安全委员会的统筹协调下，依法在各自的职责范围内开展工作，并且相互协作配合。

三、工程设计

美国研究表明，90%的拥堵源和道路标志标识的提示、指示、警示有直接关系，通过提高交通标志在白天、夜间、弯道、干扰光源混乱环境和恶劣天气中的认知，可以为驾驶员提供更多的时间，采取及时的措施，避免事故的发生，这是低成本提升道路安全状况的最优途径之一。

美国道路路网规划科学合理，遵循高标准的工程设计，交通设施管理设施完善，特别是道路上的交通标志标线科学、充足，各种管理设施互相衔接、匹配性好。美国道路交通安全工程设计主要有以下特点：不论是公路还是城市道路，标志数量很多，连续性好，指路、提示性、单行线、限速标志较为常见，警告性标志较少；路口、事故多发地、上下坡、弯道、行人穿行、动物穿行等需要特别提醒注意的路段，必然设置相关标志；路口标志明确，通过时不论绿灯还是红灯都禁止在路口区域内停车，因此即使路段上车辆很多或拥堵，路口始终都保持畅通；由于路面质量好，交通标线清晰，而且划线精确、合理，将路口使用标线进行轨迹渠化，车辆安全行驶"有迹可循"。

美国交通安全法律对道路的工程设计的规定很具体、详细。一是对交通参与者来讲，具有很强的可操作性和约束力，因此必须依靠规范、清晰、醒目的交通标志标线告知驾驶员。二是标志内容简洁，文字图形没有附带广告色彩，真正发挥交通语言的作用。特别是指路标志，与欧洲国家类似，使用一块一块的条形板。三是由于路网密度高、支路多，支路进入主干道都设置了让行标志标线。由于单行路多，出口两侧都设有警告标志，而且路边停车使用不同颜色的标线标明限制停车的时间。

图 6-22 合理的道路工程设计增强交通安全性：引导车辆行驶、保护行人安全

第五节 美国智能交通信息服务系统和道路应急管理

在 1976 年至 1997 年期间，美国每年车辆数量以 77%的速度上升，可是同期道路建设里程增加数却仅为 2%，在城市交通的高峰时期，54%的时间处于拥挤状态。20 世纪末，美国开始建设智能交通系统（Intellegence Trancepotation System，ITS）。

一、智能交通系统的特点及其应用

智能交通系统包括 7 大领域和 29 个服务用户及服务功能。7 大领域分别为：出行和交通管理系统、出行需求管理系统、公共交通运营系统、商用车辆运输系统、电子收费系统、应急管理系统、先进的车辆控制和安全系统。将卫星技术、信息技术、数据通信传输技术、电子传感技术、电子控制技术和计算机处理技术等综合运用到整个道路交通管理的信息采集、处理、控制和诱导等环节，提高道路的利用效率和交通安全性，最终达到人、车、路的和谐统一。

（一）技术集成度高

智能交通系统集成应用了交通信号控制系统、交通流信息采集系统、公交优先通行系统、交通电视监控系统、交通事故报警系统（911 系统，类似我国 122 报警）、交通信息综合处理系统、交通信息服务系统（511 系统）。例如，交通事故监控系统将监测到的交通事故在 15 秒内传送到控制中心，使交通事故的现场救援速度提高了 1.5 倍。华盛顿交通控制中心采用车速管理系统来保证雾天和冰雪天气的交通安全，根据测量的空气温度和湿度、空气沉淀物浓度、风速、路面温度和湿度等环境信息，适时制定车辆行驶速度、交通流量分配等管理措施。

图 6-23　用于缓解拥堵的智能信号灯和中央控制室智能调度

（二）公众服务意识强

美国多数城市非常注重与交通参与者的信息沟通。美国实现了道路交通事故统计信息、交通违法信息、机动车驾驶员信息、车辆管理信息、道路及相关设施信息、紧急救援信息等系统的全国联网，并与道路交通事故医疗、消防等救援系统实现了信息联动。

（三）交通信息发布及时

在美国，交通信息通过多种途径发布。一是推广“511”交通信息发布系统。据介绍，511 系统建在交通部门，已经覆盖全美近 50%的高速公路和州际公路，驾驶员可以通过拨打 511 电话，选择自动设置的语音问讯方式，查询附近的道路施工、交通拥堵等情况。二是加强路况信息采集和发布。通过在公路沿线埋置感应“线圈”和安装设备、沿途设置电话亭、定期公路巡逻等方式，获取公路沿途交通流量和车流速度以及交通事故和交通拥堵等情况，并及时通过 LED 可变信息显示屏、交通电台、互联网等向公众公布，实时告知驾驶员前方流量情况、到达下一站的剩余时间等信息，驾驶员可根据不同信息及时调整行驶路线，从而避免交通堵塞。

图 6-24　电子交通信息动态显示

图 6-25　用于引导交通的动态信息提示

（四）加强市区停车诱导

旧金山市停车管理部门和交通局共同建设停车信息管理与发布系统，实现与各停车场的数据共享，通过全市 10 余个 LED 可变信息显示屏实时发布停车信息，减少驾驶员因找停车位反复绕行而产生多余的交通流。

（五）推行不停车收费技术

在美国高速公路上普遍设置了不停车收费系统，俗称快速收费通道（EZ Pass），大大缓解了因收费导致的交通堵塞。我国有 ETC，部分新系统实现车辆通过收费口时以 35 迈（约 56km/h）的速度行驶。美国大部分州均使用相同的通信协议，确保系统能识别跨州行驶的车辆缴费代号。

图 6-26 高速公路上的不停车自动收费系统

（六）实行特定车辆路口优先通行管理

在旧金山、洛杉矶等市，公交车、消防车、救护车等特定种类车辆在车顶安装优先通行控制器，当车辆通过路口时，控制器向路口信号机发射信号，使车辆具有通过路口的优先信号权。美国多数城市设有公交车辆（HOV）专用车道，交通控制中心根据公交车辆无线装置发送的行驶信息，实时分配公交车辆优先行走的“绿灯”权。

图 6-27 西雅图市公共汽车和智能交通灯主动通信，确保公交优先

二、应急管理程序规范化，指挥专业化

（一）政府相关职能部门密切配合

在美国，道路交通管理属于各级政府的行政管理职责组成部分，各级政府设有专门的机构负责。在交通管理执法、路政管理等方面的分工与协作十分明确。具体为：公路交通运输由联邦运输部及其所管辖的联邦公路管理局、国家公路交通安全管理局、联邦城市交通局协同分工负责；路面执法由交通警察负责。美国各州政府下设车管局，负责机动车辆登记和驾

驶员管理工作，车管局内部同样驻有警察，一旦车管局在办理车驾业务中发现违法犯罪嫌疑，立即移交警察调查处理。在纽约州，交通运输委员会建立了“纽约市整合突发事件管理系统”，把州交通厅、警察局、卫生局、环保局、消防局、州紧急管理办公室等多个部门整合形成一个信息平台，大大增强了发生交通紧急事件时各部门间的协作，提高了政府在重大交通事件中的应急处置能力。

（二）细化突发事件等级，做好相应预案

美国根据事件复杂性，如影响范围、严重程度等，将突发事件分为五级，明确联邦、各州、县、市政府和各部门在各级事件中的分工与职责，同时制定应急处置程序规定、编印操作手册，针对不同突发事件采取不同应对措施。为加强对突发事件的协调指挥，美国成立了国家应急管理署 FEMA（Federal Emergency Management Agency），各地政府也都建立了应急管理办公室，并有专人负责与国家应急管理署联络，不定期举行各种突发事件演练。

图 6-28　国家应急管理署和紧急交通管制

（三）交通紧急事件实行预案管理

出现交通事故、道路维护等情况时，除了有相应的工作预案，还有交通信号控制应急预案，通过变更信号配置、电子显示屏提示、设置路障、交通广播等措施疏导交通，基本不需警力上路指挥。2005 年，为防范飓风袭击，路易斯安那州的政府、交通局、警察局、国土安全和应急准备局等部门，共同制定了路易斯安那州居民紧急情况撤退路线图（含各阶段撤退时间、路线图），在飓风来临时使用道路隔离设施、指示灯等设备引导车辆，将 11 条主要高速公路全部改为向周边安全区域单向通行，疏散人员。2008 年 9 月 1 日，“古斯塔夫”飓风袭击路易斯安那州新奥尔良市时，新奥尔良市 120 万人口、40 万辆机动车在 25 小时内全部撤离。

图 6-29 新奥尔良卡特琳娜飓风全城撤退

三、关于智能交通和应急管理的体会和意见

（一）拓展信息发布途径

一是借鉴美国 511 交通信息发布和诱导系统，开发建设交通信息综合发布和交通诱导系统，发展智能交通要学习借鉴美国 511 信息服务台的经验，在加强高速公路和主要国道、省道以及旅游景区道路等动态交通信息采集的同时，借助社会力量建立常态的公路交通信息发布机制，为社会公众提供实时的、动态的公路交通信息服务。二是会同交通运输等多家部门，加强城市动态和静态交通信息的采集，整合现有的各种信息发布资源，拓展城市交通信息的发布网络，加强城市交通流的引导。

（二）加强道路交通应急管理

近年来，因突发事件特别是自然灾害引发的道路交通应急管理任务日益繁重，应做好以下几个方面的工作：一是加强道路交通应急管理装备和物资的储备和管理；二是加强应急管理的业务培训，包括道路交通应急管理的组织和应急装备的使用等；三是及时总结好每一次应急管理的经验和教训，及时修订完善各级公安交通管理部门应急管理预案，定期组织演练，提高民警的应急处置水平。

（三）应急指挥应当实现专业化

借鉴美国应急管理的经验，完善应急管理制度。按照反恐、重特大治安事件、火灾、交通事故、自然灾害、大范围交通中断等紧急事件的处置需求，提高交通指挥中心指挥调度能力；按照信息主导警务的要求，逐步完善城市交通指挥中心的系统功能，改进勤务机制，提升对突发事件、意外事件、交通事故的处置指挥水平。

第七章

美国的公共交通反恐预防——“9·11”事件后遗症

美国是恐怖分子关注的重点国家，公共交通系统更是容易被恐怖分子攻击的对象。本章讨论的美国公共交通运输系统主要包括公交巴士汽车、铁路轨道交通、交通基础设施三个组成部分。美国公共交通运输体系面对多种类型的恐怖袭击，反恐难度很大。自“9·11”事件之后，美国联邦政府、地方警察局和交通运输机构形成三位一体的结构，从反恐政策制定到具体措施的执行，美国各级部门都会综合利用各种措施预防恐怖袭击，从而保护公共交通运输系统的安全、便捷和实惠。这对我国预防公共交通恐怖袭击，保护公众生命安全、交通资产以及公共交通安全都有至关重要的意义。

1995 年 3 月，日本佛教宗派极端主义者将包装好的有毒气体分别带上东京地铁的 5 条线路，导致 12 人死亡、15 个地铁站的 6000 多名乘客和工作人员都不同程度的神经系统中毒；2004 年 3 月 11 日，西班牙马德里发生连环爆炸案，嫌疑人将炸弹放在背包里通过手机引爆，多辆火车被炸，导致 191 人死亡、1500 余人受伤；2005 年 7 月 7 日，伦敦早高峰时间，四枚炸弹在伦敦地铁和公交车上突然爆炸，导致 52 人死亡、700 多人受伤，这是英国自 1988 年洛比克空难后最致命的恐怖袭击，也是“二战”后最大的恐怖爆炸案件；自 2000 年巴以冲突以来，以色列已经出现了 70 多起爆炸袭击，其中三分之一都是发生在公交车、巴士站、火车站的自杀式恐怖袭击，累计数百人死亡。

根据美国国会调查服务机构报告：全球范围内约有三分之一的恐怖袭击是针对交通系统的，公共交通最容易被攻击。自 1968 年至 2004 年，全球

22000余起恐怖袭击案件以陆地公共交通系统为目标，从总数来看，针对公共交通的恐怖袭击是针对航空恐怖袭击的2.5倍；从死亡人数来看，针对公共交通的死亡人数仅次于航空攻击和以宗教为目的的恐怖袭击。根据官方统计，全世界范围内的公共交通系统遭受的恐怖袭击主要分布在公共巴士、地铁、巴士终点站、车站、铁轨以及桥梁和隧道。公交系统占41%，地铁和火车内占22%，地铁和火车站点占10%，公交车终点站占10%，旅游巴士占5%，铁路轨道占8%，桥梁和隧道占1%。这里所说的公共交通运输主要指陆地交通，包括公共巴士汽车、铁路轨道交通以及交通基础设施三种。通过了解美国自上而下怎样做好交通反恐防护措施，如何加强访问管理、沟通合作，共同应对恐怖袭击，这对我国保护公众生命安全、交通基础设施建设以及公共交通安全等方面都有至关重要的意义。

第一节　公共交通恐怖袭击的种类和特点

美国是恐怖分子关注的重点国家，且被袭成功率很高。在美国，有超过140000英里的火车线路，超过500个城市都有交通转运站，每天公共交通使用次数超过3200万次，自“9·11”事件之后，美国的国土安全部、交通运输部以及联邦调查局开始重视公共交通恐怖袭击的潜在危险。

一、公共交通恐怖袭击的种类

公共交通恐怖袭击主要分布在公共巴士、地铁、巴士终点站、车站、铁轨以及桥梁和隧道，形式也是多种多样。主要形式有以下几类：

1. 纵火。恐怖分子容易在公共交通系统纵火，大火会伤害乘客、工作人员、交通工具、交通设施，甚至周边建筑物等。当环境温度超过1800华氏度，可能导致建筑物结构被破坏，电气和机械发生系统故障，而且燃料和油漆受热后容易发生爆炸或者释放有毒气体，对人体危害严重，并可能导致窒息死亡，此外，大火的烟雾使可见度降低，使受害者逃离现场更加困难。

2. 爆炸。爆炸的危害不言而喻，会造成严重的人员伤亡、交通工具和基础设施损坏等后果。

3. 大规模杀伤性生化武器（Weapons of Mass Destruction，WMD）。WMD通常是指核武器、放射性、化学和生物等能够造成大面积伤亡的武器。如一些粉末、液体、气体、“脏弹”（dirty bomb）等有害的生化物质，这些物质通过液体、蒸气、粉末传播并在空气中流动，对人体伤害极大。

4. 暴力和人质劫持。恐怖分子在公共交通体系里实施暴力活动在全世界都时有发生，包括对公共交通工具的攻击，或者损害交通设施，故意造成人员伤亡、财产损失等。

5. 毁灭性干涉。这是一种比较极端的公共交通恐怖行为，包括：纵火或使用生化武器，篡改磁道致使火车出轨，故意冲压基础设施，用卡车、船甚至飞机导致建筑物的毁坏和人员伤亡等。

6. 断电。世界各国的公共交通体系都面临着如何应对断电的问题，这会导致交通运输终止，导致计算机、无线电等辅助操控设备终止。

7. 交通工具被当做武器。交通工具不仅是恐怖分子袭击的目标，同时也可以被恐怖分子当做武器使用，一些废旧或正在行驶的车辆若被恐怖分子恶意劫持操控，可以成为撞击建筑物、桥梁等基础设施的工具，若在车辆中放置炸药会带来毁灭性的伤害。

8. 网络攻击。公共交通体系依靠计算机网络调度控制，方便操作且服务效率高，制造网络故障和网络攻击也是恐怖分子常使用的手段之一。

二、公共交通反恐的特点

公共交通体系一个重要的共同点就是为乘客提供安全、便捷、实惠、开放的交通服务。美国的交通系统开放性很强，数量多且地理位置分散，一些客运流量、物流量密度大的城市就很容易受到恐怖分子的袭击，特别是华盛顿特区和波士顿之间的东北走廊地带，恐怖分子活跃度高。公共交通的便捷性和开放性是恐怖分子关注的重点，同样给预防恐怖袭击增加了难度。

（一）人数众多

美国公共交通乘客人数众多，尤其是在人口众多、经济发达、地理位置优越的大城市或者旅游城市，这都对恐怖分子有潜在的吸引力。这些特征使公共交通体系很难实施安保措施，例如，在上下班高峰时间，乘客人数多，利用金属探测仪等设备实施安全检查就显得不切实际，而且公共交通站点众多也增加了检测的成本和管理难度。

（二）开放性强

美国的地铁站、汽车站每小时都有数以千计的人流量，美国交通运输管理系统的承诺是给市民提供安全可靠的公共交通服务。公共交通是不能关闭的，也没有条件像机场那样实施严格检查，很多进出口都是无检查、不设障碍的，虽能让乘客更快速大量的流动，但难以监管，美国还有残疾人无障碍法案，这种开放性给对抗恐怖袭击增加了难度。

（三）需要密切合作

与一般的建筑物或机场不同，公共交通系统不能简单的封锁隔离或者严格管理而使其不受威胁侵害。保护公共交通系统的安全需要通过物理手段增强抵抗侵害和冲击能力，培训员工反恐的警觉性，提高乘客的反恐意识和参与性，制定高效、周密、协作的反恐预案，公共交通反恐是一个需要密切合作的行动，这是由公共交通整体性决定的。

（四）难以监管

公共交通系统包含很多公共场所，多数场所通行不受阻碍也不需要检查，每天承载着巨大的客流量，在上下班的高峰期，地铁站、公交车内、公交港湾就成为恐怖分子的目标。公共交通系统要应对每天不间断的运转，因此恐怖分子很容易接近控制室、发电房、设备间或危险材料储存区。

（五）资金缺乏

缺乏资金支持进行全方位的改进也是公共交通系统面临的挑战之一。据调查显示，目前资金缺乏导致难以系统地实施安全保卫任务，包括增加人力、设备等方面，进行安全评估和安全检测的资金、人力支持严重不足，更增加了反恐难度。

第二节 多层次全方位交通安全防护反恐措施

美国在联邦政府层面有美国联邦运输管理局、在各州成立可疑情报信息融合中心，在地方有各自的交通运输机构以及地方警察局。从宏观的机构成立到具体措施的应用，美国的每一个交通反恐举措都是用鲜血和生命的代价换来的，做到了层层预防、环环相扣和紧密配合。“9·11”事件发生后，美国政府自上而下从联邦、州级至地方政府，甚至很多私营企业，都采取一系列措施去加强公共交通安全保卫工作，将保护公共交通的安全、预防恐怖袭击作为工作的重中之重。

一、美国联邦运输管理局

美国联邦运输管理局（Federal Transit Administration，FTA）隶属于美国

交通运输部（Department of Transportation，DOT），主要职责是确保交通运输系统和乘客免遭危险，并管辖美国公共交通运输系统，包括公共汽车、地铁、轻轨、市郊铁路、单轨铁路、客运轮渡、手推车、斜铁路和人力推车。联邦政府通过美国联邦运输管理局提供财政援助以开发新的交通系统，同时也提供资金用于维护和改善现有的公共交通运输系统。美国联邦运输管理局负责资助州和地方交通机构，主要是其下属的十个地区办事处。这些受助的地方机构按照联邦政府的要求和计划管理本机构，美国联邦运输管理局是负责督导受资助的地区机构遵循联邦法规和相关的行政规定；美国联邦运输管理局同时负责确保联邦资助落实到位，并监督受助机构是否遵循联邦法规和行政规定。

自“9·11”事件之后，美国联邦运输管理局采用一系列措施强化公共交通安全系统，美国的交通运输机构，无论大小都要有很强的交通安全意识，要有为公共交通提供安全服务的意识，积极了解公众对交通运输的新需要。美国联邦运输管理局制定发展规划，建立与公共交通运输机构和私营运输机构的合作，但并没有制定全国范围内统一标准，而是根据运输机构的特点制定可行性措施，从而引导运输机构加强检查、减少恐怖袭击带来的危害。

图 7-1　纽约时代广场地铁站的执勤武警

“9·11”事件之后，联邦运输管理局强化了交通运输系统的安全保护措施，同时制定开发了安全和应急准备预案，并为全美的交通运输机构提供技术援助。其中的一个活动发展成为“公共运输交通安全和应急准备措施20条”，于2003年发表。这些安全和应急准备行动项目，旨在强调对交通运输安全的重视和做好紧急事件发生的应对准备。国家和地方政府层面同样也为交通运输机构提供支持，据统计，美国交通运输机构40%的运营费用都是由地方政府资助的，地方政府还承担了四分之一的资本开支，此外各州要负责建立自己的安全监管机构，确保铁路系统和交通运输机构的安全。

全美有6000多家交通运输机构，分为公共的或私营的，负责管理和服务交通运输活动，以及直接提供中转服务、全美范围内的联络服务等。虽然各级政府都在确保交通运输机构的安全，但负责交通系统运转安全的主要责任还是交通运输机构的。

恐怖袭击对公共交通系统的威胁不可小觑，美国和世界其他地区的公共交通运输系统都曾经遭遇恐怖袭击。“9·11”事件之后，大多数公共交通机构都先后进行系统内安全检测，及时发现易被恐怖袭击的薄弱环节，尽全力确保乘客、工作人员、全部车辆以及公共交通设施的安全。美国政府自上而下从联邦、各州至地方政府，甚至很多私营企业，都采取一系列措施去加强公共交通安全保卫工作。2002年年底，74%的美国公共交通管理部门都采取不同措施强化交通安全检查工作，比“9·11”事件之前的安检措施和设备都改进很多，得到各级政府的重视，约有88%的交通运输机构都采取了新的措施确保交通安全，包括纽约市警察局。纽约市警察局约有宣誓警察5000多名、交通安全管理部门警察2500名，大多数都接受过预防和应对恐怖袭击的专门训练，另外约有1000名警察专门执行反恐任务。纽约市警察局拥有先进顶级的爆炸及放射物质检测仪器；有的指挥监控中心可以访问监控地铁站的所有监控设备；有最先进的车牌扫描仪，通过车牌扫描即可看出该车的所有行驶记录和犯罪记录；有红外线探测仪，每天纽约犯罪预防中心会收集大量的数据信息；还有专门人员用专业设备进行数据分析，寻找各种可疑线索。此外纽约市警察局还执行日常高密度的、公众可见的、不间断的公共交通系统内的反恐巡逻任务，如在地铁站进行地毯式的反恐措施部署，包括重型武器、齿轮战术、警犬小组，以及来自情报科的便衣探员，警察随机抽取乘客行李背包进行检查，巡逻小组携带重型武器和警犬小组不间断地在地铁沿线检查。

二、全民参与可疑活动报告系统

国土安全部创建全国性可疑活动报告系统（Nationwide Suspicious Activity

图 7-2　武装警察对地铁进行定期巡逻

Reporting，SAR），并负责培训基层执法人员使用可疑活动报告系统，训练他们如何准确快速地识别恐怖分子的异常行为，如何采用标准化的方式记录、描述和分析嫌疑人的可疑行为，再通过信息融合平台和其他执法机构分享。SAR 要求一线警员和社区民众随时报告涉嫌恐怖活动的相关事件，并与联邦和州的信息收集、分析、跟踪、融合平台链接。洛杉矶警察局的 SAR 是美国第一个具有国家标准的反恐措施，把反恐行动和传统的犯罪调查整合起来，实现了国家、州和地方的信息共享，成为融合中心信息的主要来源，同样，这也激发和鼓励了社区民众积极参与反恐活动。

美国执法部门推出的可疑活动报告和民众举报系统，就是发动社区民众的力量收集和汇总有关恐怖计划和行动的信息。同时，社区反恐策略旨在对民众进行反恐教育，提升他们的反恐意识，赢得他们对执法部门反恐行动的大力支持。SAR 是由国土安全部率先发起，与司法援助局、联邦调查局、国家能源部，以及州、地方执法机构和地方交通运输机构建立合作伙伴关系。

这个举措使执法部门和其他单位建立桥梁和纽带，为共同预防恐怖袭击以及和恐怖行为有关的活动，通过收集、分类、处理、分析、分享等将信息收集融合并加以利用。SAR 是一个标准化的过程，包括相关部门的隐私保护、培训、技术使用、犯罪识别和报告，在全国各地的司法管辖区汇总分享、报告。SAR 是集联邦、州、地方、部落和领土执法为一体的一种伙伴关系，具有收集、归档、处理、分析一个国家的能力，严格保护隐私和美国公民的自由。同时，SAR 提前设定了涉及恐怖主义或者其他犯罪活动行为的指标和现象，如表 7-1 所示：

表 7-1 交通安全系统可疑报告系统

例 子	可疑现象
现象一	被丢弃的包裹。
现象二	可疑的随身携带的物品，如大型背包、运动包、超过正常大小的行李。
现象三	对公共交通运输设备、交通设施、安检程序和基本结构进行违规拍摄，或者对交通操作程序有意临摹或记录的。
现象四	进行可疑活动或流连徘徊在交通设施周围，在同一线路不断地来回往返。
现象五	独自一人在交通设施前来回徘徊，并记录，然后几人集合开会对比记录和观察结果。
现象六	独立个体看起来并不关心周围的情况，而是关注个别目标或者地点。
现象七	在问到涉及目的地的相关问题时逃避回答或支支吾吾，避免与他人接触或吸引注意力。
现象八	衣服宽松，穿大号的运动衫、背心，或者在炎热的天气包裹严密，衣服与身材不匹配。
现象九	询问工作人员涉及时刻表、乘客容量、安全检查程序及其设备的问题。
现象十	试图丢弃车辆或是将车辆停在公共交通工具停车场附近。
现象十一	将随身包和行李箱放置在不同区域内。
现象十二	将手提袋放置在无人注意的公共地点，然后观察安全处理反应程序和所需时间。
现象十三	试图在公共交通系统内应聘工作，即便没有合适的学习、工作背景或者资历。

三、交通基础设施的反恐措施

（一）优化交通环境预防犯罪原则

环境设计预防犯罪（Crime Prevention through Environmental Design，CPTED）是一种面向问题的警务模式，它充分考虑了执法目标所在的环境条件引发犯罪的可能性，通过调整环境设计来减少犯罪的发生，同时给合法的使用带来便利。近年来，越来越多的交通部门开始采用 CPTED 的方法来指导交通设施（如停车站）的设计，合理地利用空间、地形、照明、绿化、监控等措施来提升交通设施的安全性，对犯罪人员起到阻止和威慑作用，降低恐怖袭击和其他犯罪行为发生的可能性。而新近发展起来的生态学方法，从犯罪的环境背景角度出发，分析犯罪发生地的环境特征，采取自然和被动的策略，通过调整和优化建筑和周围环境的光照、可视范围、出入口设计、绿化带设计来达到预防犯罪的目的。生态学方法为预防犯罪提供了一条新的思路，并且应用到交通领域里的预防犯罪和恐怖行为。

研究人员将案件经常集中发生的地点，称为“热点”，包括街角、交叉路口、停靠站台或者车站。这些热点有很多共同的环境特征，包括建筑的形状、可视度、出入的便利程度等。Liggett 等人发现，洛杉矶市交通领域的犯罪总是集中发生在市中心的特定区域。例如，那些靠近建筑或街区中间的行人通道、烟酒零售店、满墙涂鸦的建筑物、空建筑物、空地的汽车站的犯罪率就明显高于其他地方，而那些靠近大片商业区域、可见程度高、有来往车辆和行人的汽车站的犯罪率就明显较低。

把 CPTED 原则应用到交通领域犯罪行为的预防上，需要遵循以下 10 项原则和策略：

1. 自然监控原则。通过修改和优化建筑的物理设计来增强其可视程度，实现有效监控。主要方法包括合理地设置门口、窗户、走道、聚集区域、行车道，以及路边设施，配合充分的光照，目的是消除隐蔽区域，让行人感觉到管理人员的存在和监视。

2. 自然访问管理。通过合理的交通隔离设施引导人群和车流。主要方法包括使用路障，如隔离栏和绿化带、光照和信号，甚至雕塑，目的是构建一个引导明确、行走便利的环境，同时压制不法分子的违规行为。

3. 辖区管制。采取措施来界定空间所有权。主要方法是采用标志、绿化带、艺术品来设置交通设施的边界，界定所有权，向不法分子传达对辖区的有效管制不容侵犯的信息。

4. 设施维护。对设施进行常态的维护和更新。主要方法是采取种植绿化带、收集建筑材料和垃圾以及其他措施来保持环境的干净有序，目的是使合法使用者更加方便舒适，更加乐于使用该设施，从而减少不法分子的活动空间和机会。

5. 维护秩序。及时制止各种违规行为。主要方法是张贴规章制度、行为规范，建筑物使用防涂鸦的材料，对违规行为的处理要保持一致。

6. 支持各种社会活动的举办。主要方法是允许和支持在大型社区的人行道和街道旁定期开展各种符合交通安全的社会活动，如小型集市、集会和节日庆祝活动，目的是让更多的人常态化地使用街区公共场所，增加可视程度和公众监控力度。

7. 加强设施的保护。加强对潜在攻击目标的保护。主要方法是采取严格的出入控制设备，加装保安设备（如锁、报警器和监控相机），安排执法和保安人员，目的是增加不法人员的入侵难度和风险。

8. 自然条件。主要方法是采取便利的行人设施、便利的交通系统、高质量的食品、良好的教育和丰富的就业机会，满足人们在生活、社会和经济上的基本需求，倡导一种健康的生活方式，减少精神压力，从而降低犯罪率。

9. 城市规划和社区设计。在进行交通设施规划时，要充分考虑到交通设施旁各种使用目的的土地的分布、密度和强度，把 CPTED 基本原则融入城市规划和设计中去，创建一个有利于公共安全的城市环境。

10. 社会资本。建立社会信任、行为规范和社交网络，让市民献计献策，积极参与，共同解决城市的犯罪问题。主要方法包括指定用于集会、游行、社区活动的专门区域，制定活动管理规则和行为规范，加强政府和社区的沟通、信任、合作。

（二）全方位的安全防护措施

交通安全防护措施设计是一个系统性的工程，需要考虑整个系统的各个方面，包括人、设备、技术和操作流程，同时，需要有机协调相关的组织、机构和群体。交通安全防护措施可以归纳成两大类：

1. 分区域防护。有效的交通安全防护措施必须有多层次安全防护体系，包括设计预备方案、威慑犯罪分子、检测犯罪行为、保护人员和设施安全、及时响应和救援。在实际操作过程中，很难说哪一层次的防护措施更重要，对任何一个层次的修改都必须把有效阻止恐怖分子、减少人员伤亡和设施破坏作为最终目标，并且能和其他层次的措施相辅相成。如表 7-2 所示，在多层次安全防护体系设计中，最重要的设施位于该体系中最核心的第 5 层，层次越高，安全控制越高，采用的监控措施更加严格。

表 7-2　交通设施多层次安全防护措施

层次	区域	安全防护措施
5	核心设施	包括交通控制指挥中心、汽车调动中心、供电中心等。
4	访问控制区域	视频监控；指纹识别；生理特征（如人脸、虹膜）识别；智能卡；外来人员专人护送措施；文档销毁措施。
3	内部区域	紧急通信系统；车载视频监控；事件处理手册；前台登记；出入口刷卡系统；包裹检测。
2	外部区域	保安人员；视频监控；光照；围墙/围栏。
1	周边区域	交通巡逻；周界防范。

2. 分目标安全检测防护。成功有效的交通安全措施必须是多层次、立体化、全方位的，包括预防准备、阻止、探测和保护、反应。然而每一种措施都有一定的难度，因此，要提高预防能力，寻找现存的障碍困难，将损失控制到最小，强化基础设施目标的安全系数，监控基础设施，同时确保操作正确。越多的层次管理越能确保安全，也能确保交通工具更加快捷、实惠安全。

表 7-3　分目标安全检测防护

目标	面临的威胁	主要防范措施
汽车站	纵火、爆炸、杀伤性武器袭击、绑架和暴力袭击	车站远离车道；防护栏；采用亮色油漆和充足的光照；站牌、广告牌不要遮挡视线，不能形成隐蔽区域；控制出入车辆数量；在柱子和角落上安装安全反光镜；张贴告知群众如何识别举报可疑行为；重要设备采用防爆防火材料；烟火检测；安防监控。
停车站	爆炸、车辆冲撞碾压、杀伤性武器袭击	停车站周围没有隐蔽区域；设立隔离带和围栏防止车辆冲撞；警示非公交车辆不准进入；选用不会产生碎片的建筑材料；安装紧急电话；保证充足的光照。

续表

目标	面临的威胁	主要防范措施
隧道	爆炸、纵火、杀伤性武器袭击	将出入口和公共交通车道、停车场隔离开来；在隧道端口设置路障和保护围栏；出入口不要有隐蔽区域；通风口需要设置在一个单独的有安全保障的建筑里并隐藏起来；隧道里尽量不要设置凹进去的区域，以免隐藏不法分子；隧道人行道和出入口要用围栏隔离开来；出入口外面设置障碍控制通过车辆的大小；准备好防止隧道进水的工具；采用防火材料；电路内嵌在隧道墙体；安装备份供电、照明和通信系统；装备有烟火检测安防监控。
交通控制管理中心	爆炸、纵火、破坏、绑架和暴力袭击、杀伤性武器袭击	建筑远离公路；设立尽可能少的出入口；出入口不要朝向非安全区域，建筑周围和内部的设计不要隐蔽区域；选用防火材料；外墙选用防爆材料；夜晚保持充足的照明；安装备份供电、照明和通信系统。

（三）分阶段反恐措施

1. 预防恐怖活动措施。包括危险品（如爆炸物、生化核辐射武器）的检测和排查。（1）入侵检测，如未授权人员或车辆进入保护区域。（2）威慑防护，主要有两点：①出入访问管理：对重要区域和设施进行访问控制。访问控制管理的一个重要原则是重要目标需要有多层次的保护，层次越高，访问限制越严格。访问控制的重点是区分工作人员和访问人员，对重要设备进行上锁保护，武器检查，防止未授权人员进入重要交通设施。严格的出入访问管理对犯罪人员会起到威慑作用。②监控：交通监控措施包括视频监控、安全人员监察、安全车辆巡逻，对犯罪人员也会起到威慑作用。

2. 减小袭击损失措施。预防犯罪和恐怖袭击是最佳的策略，但是，即使安全防护措施非常严密，也没有任何系统是万无一失的。一旦袭击发生，采取有效的策略让损失降到最小同样非常重要。这些策略包括：（1）设施坚固抗袭击：包括使用防火材料阻止火势蔓延，重要建筑使用抗爆炸材料和设计。（2）保证安全距离：爆炸导致的破坏和距离有着直接的关系。重要的设施需要设置足够大的安全距离和区域，以免受炸弹袭击而遭到破坏，同时，设置大安全区域可以确保有效地监控和充足的反应时间。（3）爆炸力重导向：对爆炸产生的威力进行重导向，可以大幅降低其对人员和设施产生的破坏作用。例如，垃圾桶的设计可以优化，如果内部有物体爆炸，使垃圾桶向上冲而不是向外炸裂，减少人员伤亡。（4）冗余和分散措施：非常重要的设备，如车辆监控控制系统、电力设备、防火设备，需要备份并放置在不同区域。重要的设施需要分散设置，免得受到袭击时影响交通系统的运行。

3. 响应和救援措施。交通设施的设计需要考虑灾难发生后如何进行快速响应和救援，如何最大限度地拯救生命、减少损失。包括给紧急照明和通信系统配备独立供电设备，安装紧急情况告警联动系统，与应急部门、医疗机构等及时联动。

“没有银子弹”这句话源自软件工程大师，指的是没有任何一项技术能在十年内使生产力提高十倍。要提高公共交通的安全性，即便是最为安全的交通方式也不能确保公共交通百分之百的安全，所以必须提高预防措施，提高公众安全意识。

第八章 美国警察访谈整理——美国警察眼中的美国警察

为了深入了解美国警察的内部管理、警察培训、反恐行动、社交媒体的警务应用、职业操守建设和反腐败，获得第一手资料，笔者深入美国警察局，采访了密苏里公共安全厅、密苏里州警察局和哥伦比亚警察培训学院。

第一节 采访密苏里公共安全厅

2015 年 5 月，为了深入了解密苏里州政府在反恐方面采取的措施，笔者采访了密苏里公共安全厅的公共信息官迈克·奥康内尔（Mike O' Connell）。密苏里公共安全厅（Department of Public Safety，DPS）隶属于密苏里州的州政府部门，下设公共安全厅行政办公室（Department Office）、烟酒管理部门（Alcohol & Tobacco）、国民护卫队（National Guard）、州警察局（Capitol Police）、消防安全部门（Fire Safety）、高速公路巡警（Highway Patrol）、州紧急事件管理部门（State emergency management agency）、退伍军人委员会（Veterans commission）和赌博管理委员会（Gaming Commission）八个部门，分别管理密苏里州的不同事务，旨在保护密苏里州的安全。

迈克是密苏里公共安全厅的高级媒体信息官，相当于国内省公安厅宣传部门的负责人。迈克曾经是一名主持人，有着丰富的媒体经验，说话耐心且口音非常标准。在笔者进行电话预约的时候，迈克耐心地询问了笔者的身份、经历、研究方向和将要采访的内容。在商定采访时间时，迈克很耐心地与笔者沟通，充分考虑到交通问题，并根据采访计划提前在电话里做了大致的背景介绍，笔者顿时被他的专业和友善感动了。

图 8-1 笔者和密苏里公共安全局的高级媒体信息官迈克

采访那天下着雨，笔者比预约时间早到了五分钟。在大厅给迈克打了电话后，迈克很快下楼，说着标准的英语带笔者参观了公共安全局。迈克的办公室在三楼，从三楼往下看可以看到密苏里河和不远处白色圆顶的州政府大楼，他的办公室不大，墙上挂着一幅密苏里行政区划分地图，办公桌旁边的墙壁上贴满了便签纸，记录着一天的工作，书架旁边堆满了宣传手册和资料。迈克给笔者讲述了自己的工作经历和公共安全局各部门的职责，尤其在密苏里州弗格森骚乱期间他跟随高速公路巡警的公共关系警官的 24 小时公共工作经历，以及如何应对市民、媒体，如何发布 Facebook 和 Twitter。交谈期间，迈克在接了上级领导的两个电话后，开玩笑地说，这个电话不敢不接，是处理一起州警察腐败案件，在顺手拿给笔者一份案件资料，笑着说一定要保密，他们正在想办法应对媒体采访。整个过程气氛轻松而活跃，并不像想象的那样严肃。

迈克介绍说，密苏里州被国土安全部认定为美国 13 个面临严重恐怖威胁的州之一，其中圣路易斯市和堪萨斯城被列为“高威胁、高密度”的 64 个易发生恐怖袭击的大城市。密苏里州是美国第一个创建国土安全办公室的州（2001 年 9 月 26 日成立），是“9·11”事件之后第 16 个全面参与联合反恐并设立专门反恐机构的州，并与宾夕法尼亚州和田纳西州全面合作联合反恐。

密苏里州也是全美同时拥有多个 FBI 联合反恐特遣部队的 22 个州之一，是有多个反恐情报信息融合中心的 16 个州之一。密苏里国土安全办公室是密苏里州公共安全厅的一个部门，负责国土安全日常工作，并配合州紧急管理中心和高速巡警的工作。2005 年 7 月，国土安全办公室从密苏里公共安全厅划分出来，成立了专门的国土安全顾问委员会，负责全州的反恐工作。另外，密苏里州紧急事务管理中心，内设军队的行政管理部门，负责协调、应对各种紧急突发事件和自然、人为灾难。

作为密苏里公共安全厅的信息官，迈克亲自参与了弗格森事件的媒体管理。在接下来的采访中，笔者和迈克针对突发事件管理、社交媒体应对进行了深入的采访。

笔者：从弗格森骚扰事件的处理中，你觉得最大的教训是什么？

迈克：在弗格森事件中，我们得到的一个非常重要的教训是，发生重大紧急突发事件时，警察局必须尽早和社区民众进行沟通。以前，警察局可以说，大家耐心地等一等，我们还在调查。但是，现在有了社交媒体之后，情况非常不一样了，每一个人都可以通过社交媒体发声，说自己是见证人。这时候，要求警察局在沟通上主动积极，不要等到谣言四起使局面失去控制。但是，在主动积极争取第一时间的同时，又不能犯任何错误，一旦发生了错误，民众会认为你在隐瞒什么东西，或者你的工作做得不到位，能力有限。

笔者：在处理突发事件中，面对社交媒体警察局该如何采取有效的措施？

迈克：在弗格森事件中，一个比较流行的说法是：警察射杀黑人嫌疑人属于不合法行为，因为当时嫌疑人已经举起双手，这意味着警察不可以开枪。但是，后来司法部发布的报告中称这个举手动作根本没有发生。射杀事件发生后，民众用手机拍了不少视频，在视频中，警察面对聚集过来愤怒不听劝告的人群说，赶快离开，否则我要杀了你们。这些视频上传到社交媒体，包括 YouTube 上，大家都可以看得到。在过去，警察局会解释说，这是警察的个人性格问题，他这么说了，我们警察局也没有办法。但现在，在弗格森事件中，面对社交媒体警察局采取了积极主动的策略。在事发仅仅一个多小时后，弗格森警察局局长就在 CNN 电视台上对整个事件进行了解释。同时，密苏里州和圣路易斯市的两级警察局主管，一个是黑人，另一个是白人，同时出现在电视采访中接受记者的质问，这就给民众主动传达了一个重要的信息：我们白人和黑人是在一起的，大家一起来面对当前的问题。这些是我们当时做的一些事情。

笔者：面对社交媒体，你有一些现存的操作方法和流程吗？

迈克：当然，我们有一整套的媒体操作方法和流程。让我给你举个例子，弗格森事件是在8月发生的，大陪审团到11月24日才给出裁决结果。到了这个时候，他们意识到了社交媒体的重要性，特意聘请了一个专业负责媒体关系的人。我们的公共安全厅在社交媒体上也采取了主动积极的策略，目的是让我们的信息尽快地传递出去。这是我们学习到的一个重要的经验，利用社交媒体尽早快速地发布客观事实和第一手的现场信息，不要夸大，不要做任何假设。例如，我们当时发布了一条Youtube视频，视频中一位民众强烈要求派更多的警察来维护秩序。另外一个Facebook帖子显示了国民警卫队如何在现场保护民众。这样，我们就可以在各种谣言出现之前让民众清楚地知道警察局的意图和了解真正的现场。你必须知道社交媒体是一个全新的现象，每一个人都在学习。

另外一个例子是，在弗格森事件中，当全副武装的国民警卫队出现在现场时，在媒体上出现了一些负面的报道，民众以为政府派军队来镇压。后来，人们发现国民警务队出色地完成了维持秩序和稳定局面的任务。在今年（2015年）发生的巴尔的摩骚乱中，媒体就没再出现关于国民警卫队的负面消息。我要说的是，对于民众、媒体和警察局来说，这是一个学习的过程。

笔者：警察局如何确保正确有效地发布社交媒体帖子？

迈克：在密苏里州，警察局经常使用社交媒体和辖区民众进行沟通。为了确保社交媒体信息发布的正确有效，我们采取新闻信息官负责制：所有的社交媒体的信息由警察提供，信息的发布由信息官统一审核和发布。为了加强学习和沟通，现在美国有一个警察新闻信息官协会，组织专家和有丰富经验的信息官到全国各地，尤其是基层警察局进行培训和指导。我上个星期就在哥伦比亚警察局做了这方面的培训。

现在，一旦发生了紧急突发事件，成千上万的人会在社交媒体上发布信息。这些信息中，很多不是事实，只是个人意见，但影响民众的判断。作为警察信息官，不可能对成千上万的信息进行一一回应。这个时候，应采取的策略是盯紧几个核心的有很大媒体影响力的人物。例如，个人媒体可能会在微博上说警察毫无理由随意地使用催泪弹，但事实是现场有人朝警察开枪，警察才被迫使用催泪弹。在这种情况下，作为信息官，要赶在其他谣言发布之前发布客观事实，同时要对那些有较大影响力的发布者发布的不准确信息进行快速回应。

笔者：公共安全厅和警察局的关系是什么？

迈克：公共安全厅和警察部门是分开的。在州这个层级，唯一的警察和执法机构是州高速巡逻警察。他们的职责是负责全州的高速公路执法，一般情况下，他们不参与本地，包括市一级和县一级的警务和执法。发生紧急事件或者横跨多个地域的案件时，他们会出面提供协助和有必要的协调、领导。例如，在弗格森事件发生时，密苏里州州长就命令高速巡逻警察进驻弗格森这个特定的区域，协助和指导圣路易斯市警察局和弗格森警察局应对事件。当然，他们的进驻需要征得本地警察局的同意。在州一级，高速巡逻警察有很多地方警察局没有的专业技术人员、资源和设备，如用于刑侦破案方面。

笔者：在州一级，你们如何协调应对大的自然灾害和突发事件？

迈克：我们有专门的州紧急事件管理部门，采用所谓的“全灾害计划”(All Hazards Plan)。一旦发生重大事件，我们有一整套的处理流程，让各个职能部门，包括警察执法、后勤、通信、电力、消防、救援、医护、安置部门、红十字会、志愿者团体等职能机构的负责人聚集到同一个房间，即州紧急事件处理中心（State Emergency Operation Center），大家可以针对紧急和突发情况进行快速统一的协调和指挥。我们有一整套的处理方案，叫做国家紧急事件管理系统（National Incident Management System），来指导如何有效地处理紧急事件。

笔者：美国警察队伍是一个分布式的系统，发生紧急事件时，各个部门如何协调？

迈克：是的，美国警察系统是一个高度分散的去中心化的系统。这和中国的警察系统完全不同，上一级的领导可以指挥调动下一级的警察队伍和资源。在美国，上一级的警察和执法机构主要通过三种方式去影响下一级的机构：资助、训练和会议。首先，联邦执法机构有各种拨款、资助计划和项目，地方机构可以申请拨款和资助。通过资助的审批和监管，上一级的机构可以影响下一级机构的决策，并且对资助的项目提出要求。其次，联邦和州政府为地方警察局提供了大量的培训机会，同时经常召开各种联合演习和会议研讨，共同探讨如何应对重大事件。总体来说，地方警察局有完全的自主权，上一级机构提供的主要是资助和服务，来实现某种程度上的影响力和协调功能。另外，面对重大事件，各个部门本身就有强烈的意愿一起合作，基于相互合作协议，很多的协调和互助就可以很快地达成。

笔者：对于反恐，在州一级，我们主要采取了哪些措施？

迈克：在州这一层级，高速巡逻警察是负责反恐的主要力量。在他们管辖的每一个区，有指定的反恐专员，负责该辖区的反恐行动。例如，密苏里州分为 9 个辖区，每个辖区有自己的反恐委员会，他们根据本地的情况，设定自己的反恐首要任务和需求。同时，FBI 从联邦层面提供必要的协助。

第二节　采访密苏里州高速公路巡警

2015 年 5 月，在密苏里公共安全厅的公共信息官迈克·奥康奈尔的陪同下，笔者有幸采访了密苏里高速公路巡警（Highway Patrol）。接待笔者的是约翰·霍兹（John Hotz）警官，他身着蓝色警服、灰色警裤和警靴，办公室里悬挂着他和家人的照片，书架上摆放着一排各式各样的警车模型，他告诉笔者警车是高速巡警的重要队友。

图 8 2　笔者和密苏里高速公路巡警约翰·霍兹

在密苏里州，州级警察部门就是密苏里州高速公路巡逻警察局（Missouri State Highway Patrol），隶属密苏里公共安全厅，成立于 1931 年，现有 1100 名警察。主要负责高速公路巡逻，执行交通法规，确保公路安全；同时为地方警察局预防犯罪和打击恐怖主义方面提供技术设备支持，遇到重大案件和紧急情况，尤其是需要进行跨区域资源整合协同调查时，协助他们开展犯罪调查和处理紧急事件。约翰介绍说，美国这种多元分散独立的执法体系给预防和打击恐怖主义带来了体制上、管理上和行动上的障碍，因为反恐需要各个政府部门纵向集中统一管理，横向紧密联系相互配合，确保沟通和指令渠道通畅、资源集中、情报及时分享才能有效应对恐怖袭击。如何协调和调动分散的执法部门资源共同应对恐怖袭击，是“9·11”事件之后美国各级政府和执法部门面临的难题。为此，联邦政府创建了一系列的部门、机构和平台，出台了一系列措施和计划，包括国土安全部、联邦调查局的联合反恐特遣部队（Joint Terrorism Task Forces，JTTF）、反恐信息融合中心（Fusion Center）等，促使各级执法部门有效快捷地分享反恐情报信息，整合全国资源，教育和发动民众，协调全国的反恐行动，实现对恐怖主义的有效打击。

约翰介绍道，“9·11”事件之后，美国国土安全部采取了跨区域、跨部门的整合全部案情险情（All-Crimes All-Hazards）的信息分享情报分析策略。在国土安全部和司法部的资助下，全美 49 个州 26 个大城市相继建立了反恐信息融合中心，使联邦政府机构和各级执法部门可以快捷高效地分享反恐情报信息。迈克介绍说，密苏里州的反恐信息情报分析中心是集收集、辨别、整理、分析和传播功能为一体的，致力于打击犯罪和预防恐怖袭击，预防自然灾害和人为灾害，从而提高公共安全。在汇集分享情报信息的同时注重保护隐私、公民的权利和人身自由。密苏里反恐信息融合中心在全州实现情报联网，建立了密苏里州警方情报网（Missouri Statewide Police Intelligence Network，MOSPIN）。密苏里州有三个反恐信息融合中心：（1）密苏里信息情报分析中心（Missouri Information Analysis Center，MIAC），属于密苏里公共安全厅的一部分，于 2005 年 12 月创立，MIAC 主要负责可疑活动事件报告，通过既定机制评估分析潜在的犯罪趋势和恐怖犯罪活动，MIAC 同样也担当了联络联邦、州和地方执法部门的载体；（2）堪萨斯反恐信息融合中心，隶属堪萨斯城警察局，负责周边多个县的情报分析；（3）圣路易斯的早期恐怖预警信息融合中心，隶属圣路易斯市警察局的情报处，承担着分析追踪管理地区关键性基础设施和重要资源的职能。

密苏里州是美国中部地区犯罪信息中心（MOCIC）的成员之一，与中西部的伊利诺伊州、爱荷华州、堪萨斯州、明尼苏达州、内布拉斯加州、北达科他州、南达科他州和威斯康星州实现全面信息情报分析和共享。在联邦层面，美国联邦调查局的地方情报小组（Field Intelligence Groups，FIGS）设在密苏里州堪萨斯市和圣路易斯市，芝加哥的移民海关执法局的现场情报组（实地情报组）在密苏里州也有分布。

约翰介绍了密苏里联合反恐特遣部队的情况。“9·11”事件之后，联邦调查局调整了工作重心，从传统的预防和打击犯罪转移到反恐行动，在全美各州都成立联合反恐特遣部队，并迅速扩张，联合反恐特遣部队囊括了来自600个联邦、州级和地方机构的4400名人员。联合反恐特遣部队由训练有素的当地常驻调查员、分析师、语言学家、特警专家和来自执法和情报机构的其他专家组成，责任是追查线索、收集证据、执行逮捕行动，为特殊活动提供安全保障、开展培训、收集和分享情报，以及在接到通知片刻后对威胁和事件做出快速回应。在密苏里州的圣路易斯市和堪萨斯市，联邦调查局都设有反恐特遣部队。约翰告诉笔者，在密苏里州执法培训学院有相关反恐技能的培训，课程设置包括恐怖组织的分布，恐怖袭击的行为，车辆驾驶和武器使用训练，设备使用培训，以及反恐活动实地演习。

在参观过程中，笔者询问了密苏里州的可疑活动报告系统（SAR）的应用情况。“9·11”事件之后，国土安全部创建全国性可疑活动报告系统，国土安全部负责培训基层执法人员使用可疑活动报告系统，训练他们如何准确快速地识别恐怖分子的异常行为，培训他们如何采用标准化的方式记录、描述和分析嫌疑人可疑行为，通过信息融合平台和其他执法机构分享。约翰举例说，他们在高速公路巡逻中发现一辆超速的出租车，警察分别对车内两名乘客进行单独盘问，两人一个说去纽约，另一个说去加州，一个说去找哥哥，另一个说去找叔叔，两人的说法大相径庭，属于可疑行为。于是警察就把他们的记录递交到可疑活动报告系统，和其他信息链接起来分析发现这两人正在协同一个团伙密谋恐怖事件。这个例子充分展现了信息融合共享的重要性。研究表明，80%的恐怖分子的信息是一线警察在日常执法过程中发现的，通过可疑活动报告系统收集、共享、融合、链接有关恐怖分子的信息情报，是打击和预防恐怖活动的有效途径。

另外，反恐需要社区和民众的支持和参与，密苏里州高速巡逻警察局非常重视社区反恐策略，旨在对民众进行反恐教育，提升他们的反恐意识，赢得他们对执法部门反恐行动的大力支持。警察局设立专门的博物馆，陈列了该局自1931年成立以来使用过的各种巡逻警车、警用枪支和执法工具，并且通过实物、案例、图片和视频对民众尤其是中小学生们进行生动的法制和反恐教育。警察局的公共信息和教育部门通过媒体将编制好的该局的情况传播给民众，现场解答民众和媒体关注的一系列有关巡警和他们所执行任务的相关问题，并在全州提供教育计划；该部门还协调各个部队的公共信息和教育官员的活动，以及协调安全教育中心的相关活动，如车展、游行等。

约翰很热心地回答了笔者所有的提问，并带笔者参观了警察博物馆、警察培训学校，观看了他们的警务宣传片，向笔者讲授了针对反恐的措施和准备，让笔者收获颇丰。美国警察的热心、耐心、专业、乐于分享的品质更让笔者备受感动。

第三节　采访哥伦比亚警察培训学院

美国警察腐败问题历史已久，从最初的惩罚“烂苹果”，到现今的通过教育培训树立警察职业荣誉感，提高道德品质和伦理决策水平，从而预防腐败发生。笔者有幸参观了密苏里大学执法培训学院（Law Enforcement Training Institution，LETI），LETI 于 1948 年成立于美国密苏里大学，目前已有 60 多年的历史，有着优秀的教职工，课程设置全面、翔实。感触最深的就是 LETI 的案例式教学和职业荣誉感及职业道德教育培训，有效地提升了警察对腐败的自我抵御能力。

图 8-3　笔者和密苏里大学执法培训学院负责人丹肯

笔者旁听了 LETI 预防腐败的案例式教学，即模拟警员在执法过程中可能遇到的违背职业道德的具体情景。案例 1，如果市长要求我们多开罚单来增加财政收入怎么办？案例 2，什么时候可以逮捕一个触犯法律的警察，而不是给一个简单的警告？案例 3，我们可以接受餐馆的优惠午餐吗？案例 4，如果一个已经下班的警察超速怎么办，要不要对他开罚单？案例 5，如果我发现了同事的不端和腐败行为该怎么办？案例 6，我们在执法过程中需要考虑对方的具体情况和实际困难吗？还是对所有人一视同仁？案例7，如果自己的朋友违法该怎么处理？案例8，我们在工作期间可以去超市买东西吗？案例9，我们可以对一些犯罪行为视而不见吗？案例10，如果发现同事过度使用武器或侵犯嫌疑人权利，嫌疑人没有投诉，我们该怎么做？案例11，警察局是否应该对一些犯罪案例保密以免引起公众恐慌？随后，教官用科恩（Cohen）和费德伯格（Feldberg）的五个基本原则（即平等权利原则、公众信任原则、安全和保险原则、团队合作原则和客观公正原则）来引导警员针对这些案例进行讨论，让警员学会使用这五个原则指导自己的思维、决策和行动。

课堂气氛十分活跃，学员大多是在职警官，他们纷纷结合自身工作经验进行了回答。例如，对案例3，一位警员回答道："我曾身着警服去饭店就餐，饭馆为了表示友好或感谢，会给我打折，如一顿10美元的午餐他们只收我5美元，那遇到这种情况，我会付5美元的餐费，但我会另付5美元的小费，这样我可以自信地面对我的警察局、饭店和媒体，因为我没有腐败。"对案例5，"我们身边有坏苹果的案例，有违反职业道德的情况，但是大多数人不会，因为我们不想被别人评论。拿我来说，我的朋友大多是同事，我女儿的朋友是同事的孩子，如果我发生了违法乱纪的行为，做了可耻的事情，那么其他警官会看不起我，不理我。我会失去我的朋友，甚至我的女儿也会失去她朋友。"对案例7，"我遇到过这种情况，我在小城镇工作，大家彼此认识，我常在执法过程中被朋友求情，如果是第一次、第二次，我都会网开一面，如果第三次，我会直接向上级汇报，让上级给他开罚单，并告诉他这是违法行为，我们纵容你违法是一种腐败。"

这种案例式教育培训旨在帮助警员：（1）快速识别职业道德问题和决策困局；（2）有效地辨别解决问题的各个备选方案；（3）从多个备选方案中准确地选择最符合职业道德的方案；（4）基于已经选择的方案，立即采取相应的行动；（5）行动之后，对相应的后果敢于承担责任。

课后，针对培训教育如何树立警察职业荣誉感从而预防腐败的问题，笔者采访了培训中心负责人亚当·丹肯（Adam Duncan）。

笔者：你们如何给新警员树立职业荣誉感和职业道德？

丹肯：我们在学期的第一周进行这方面的培训，通常周一讨论入警动机。我们会让每个学员描述一幅图画，那就是为什么要当警察？动力是什么？我会给学生展示我的照片，就是我身穿警服和家人的合影，我将这张照片放在我的办公桌上，时时刻刻告诉自己，我要为我的家庭而努力。周五我们会讨论职业道德和职业荣誉感，美国的执法体系有很强的职业荣誉感。我们会进行“荣誉执法宣誓”，“以我个人的荣誉担保，我绝不背叛我的警徽、我的职业操守、我的人格和公众的信任。我永远会勇敢地为自己的所作所为负责，维护法律的尊严和公众利益”。

笔者：你们在什么场合会用到“荣誉执法宣誓”呢？每天都会集体背诵吗？

丹肯：不需要每天背诵，但至少一周要背诵一次。我们通常在入学仪式上集体宣誓、在枪支等武器培训前集体宣誓，在入职实习前、毕业典礼、就职典礼、警察会议以及一些重要的仪式中集体宣誓，就像士兵宣誓一样。我们会把宣誓誓言张贴在警察局的各个部门，印制在警察培训学校学员的名片后面，警员们必须在荣誉执法宣誓上签字，并悬挂在自己的办公室，时时警示自己。

图 8-4　密苏里大学执法培训学院毕业班学员

笔者：关于课堂上的案例9，请问你们怎么监督警员不作为或腐败行为？

丹肯：我们有三种法律法规约束警员的不作为或腐败：第一种是联邦法律，联邦法律告诉我们什么应该做；第二是州法规，规定我们要执行并承担结果的职责，就像虐待儿童罪，当我调查虐待儿童案件时，我就是一个探员，也是一个报道者，我必须把整个案件报告给公众，如果我试图掩盖，我将面临被起诉或者逮捕，将失去警察执照；第三种是警局政策，警局政策中不会详细规定你怎样去做，但我们每辆警车上都有监控设备，有GPS、车载电话、随身携带摄像机，来监督警员的一举一动，我们会检查电话记录、行驶记录，从相关数据中发现警员的不作为或者腐败行为。

笔者：职业荣誉感和职业道德教育培训对美国执法体系重要吗？你们会坚持加强这方面的教育培训吗？

丹肯：非常重要，每个警员就职前都要参加六个月的教育培训，职业荣誉感和职业道德教育是培训内容的重要组成部分。警员正式工作后，仍要接受教育培训，每年一次直至警员退休。培训形式多样，昨天我们还通过广播培训在职警员，这样的培训大约一个月一次。这种培训非常有必要，能给警察局营造一种高尚的警察文化。美国执法系统可以分享所有警员信息，这不像50年前，肮脏的违法背景是可以掩盖的，警员被警察局开除，还可以在另外一个州的警察局找到工作，现在绝不可能出现这种情况，因为违法记录会在档案里记录一辈子。

笔者：警察是一个危险的工作，需要和坏人斗争，会遇到各种危险的挑战，是什么动力去吸引你成为一名警察？

丹肯：在入警第一天，我就会花四个小时与学员们讨论，选择当警察的原因和动机是什么，我会让他们每个人描绘一幅图片来描述当警察的原因，就拿我来说吧，我脑海里的图片是我的妻子、儿子和女儿，我将我身穿警服与全家的合影放在我的办公桌上，时时刻刻告诉自己，为了家人我要做得更好，他们以我为傲，我必须认真工作。我们要花上两周的时间去树立这种职业荣誉感，想想你将面对的困难，以及如何解决这些困难。

笔者：你们如何监督警员的表现，如夜间巡逻是危险的，若有警员不作为，只是坐在车里，甚至发现危险也不作为？你们如何处理？

丹肯：我们以联邦法律为指导，如果违背法律造成严重后果的，将会失去工作，而且在执法系统是永远无法找到工作了，此外我们还有州法律、警局政策。我们有先进的监督技术，如电话记录、GPS、第三方的报告，如果警员被发现偷懒，管理员会记录在相关数据中。树立职业荣誉感是非常重要的，如果警员发生了不端行为，他的同事会因此远离他，甚至远离他的家人，这种职业荣誉感或者这种荣誉感文化是至关重要的，甚至比法律和制度更有约束力。

笔者：你如何理解警察职业荣誉感和职业道德教育的重要性？

丹肯：我在这个警察局已经工作了27年了，我和我所有的同事相互扶持，相互帮助，我们了解我们的警察文化，我们会维系职业道德和职业荣誉感，就是要诚实、守规矩、遵守职业道德，我想这是每一种职业都要具备的职业文化。

采访结束时，丹肯告诉笔者，美国的警察文化要求警察必须保持良好的行为举止，要诚实、守规矩，这是一个无形的契约，不成文的规定，甚至比法律和制度更有约束力。在美国当警察，如果丧失了职业道德，就失去了一切。树立职业荣誉感，提高职业道德水平，是警察的可信任度、执法能力和职业化程度的标尺，是职业发展的需要，是媒体报道的重点，是赢得社区信任的基石。因此，这种教育培训是有必要的，是贯穿整个警察职业生涯的，也是预防警察腐败的重要手段之一。

第九章
美国执法体系存在的问题——第三只眼看世界

美国警察体系经历了200多年的发展和演变，形成了完整的执法体系，积累了丰富的经验。同时，由于历史社会的原因，美国的警察体系也积累了不少的问题，如高度分散的去中心化管理体系；制度性的种族歧视；警察队伍和装备的军事化。这些是当前美国警察系统面临的重大问题，也是进一步推进有效执法和警务改革的主要障碍。

第一节　去中心化的警察管理体系

在美国，没有统一的执法机构，换句话说，没有任何一个机构有权力在全美执行所有的法律。因为各地的法律不尽相同，任何一个执法机构都存在自身管辖权力的宽度和广度，这是由各政府的权力边界而形成的。美国警察分散的管理体系来源于美国政府管理体系的分散。在美国，有一个国家级的联邦政府，同时有50个具有高度自治权的州政府。在州政府下面，有成千上万的县、市和特区政府。几乎所有的地方政府都有自己的全职执法人员，只负责该辖区内的警务和执法。美国现在的警察执法体系包含19000个半自治的执法机构，其中绝大多数（超过12500个机构）归当地政府管理，同时有4000多个执法机构是高度自治的郡警察局。每个警察局有自己的长官、总部，可以制定自己的管理条例，全权负责自己警察队伍的培训，管理自己的设施和设备，设计自己的制服和警徽，制订自己的退休计划和工资标准，有自己独立管理的辖区和执法权力。

美国的警察体系受早期大英帝国殖民地的影响。在殖民地时代，郡治安官（Sheriff）是最重要的执法官员。美国早期的警察体系遵循伦敦地区罗伯特·皮勒倡导的军事化管理的组织结构模型，每个辖区有自己独立的警察组织。从美国成立开始，美国人民就信仰自由自治，不相信联邦政府，不相信高度中央集权的警察机构，他们担心高度集权的警察机构会剥夺自由，在警察武力下屈服于腐败的政府官员。民众的这种害怕和担心导致了美国警察逐渐形成了高度地域化、去中心化和分散的管理体系。警察管理的去中心化是一个把决策管理权力从中央政府转移到社区和民众手中的过程。去中心化的目标是给社区民众和他们推选出来的代表在决策过程中赋予更多的权力。这种去中心化的管理理念基于下面的假设：民众的高度参与可以让决策者获得更多的信息，使决策更加透明化，更加能满足不同群体的利益。

苏尼尔·杜塔警官在《华盛顿邮报》发表了一篇文章，他认为美国执法体系存在的最大问题是缺乏中央管理和权威。虽然大部分的警察局尽职尽责，为社区的安全努力工作。但是有一些警察局却不够尽职，缺乏有效的监督和管理。在联邦政府层面，美国虽然出台了一系列法律法规，但是各州都可以自主做出决定，同时也有自己的执法机构和警察局。这些警察局并不是被各州政府直接管理，而在县、市、州以及联邦都有各级的领导管理机构，甚至不同的分支都有不同的管理机构，这样会导致交叉管理，造成混乱。各州之间没有统一的法律规范，甚至在本州内也无法找到统一的措施和行为标准。

很多人认为联邦调查局（FBI）是美国最高级别的执法机构，拥有最大的执法权力，并统领着全国的执法机构，但事实上并非如此。在和苏联冷战期间，美国联邦调查局和苏联秘密警察经常被认为是同等级别的警察体系，这并不正确，苏联的秘密警察（KGB）拥有警察局的中央集权，而联邦调查局并没有。虽然美国联邦调查局和其他的联邦执法机构有广阔的领域内管辖权，拥有使用枪支执行法律的权力，但联邦法律也有其局限性，没有权力对普通市民的违法行为进行逮捕，如酒后驾驶，因为这些都是按照各州的法律执行处罚。

这种非中央集权的美国执法体系有它独特的优势，也有明显的缺点，这些优势和缺陷就像一面镜子，展示着美国政府体系分布结构的优缺点。

一、分散式警察体系的主要好处

第一个优势是，虽然分散式警察体系限制了警察执法权力的深度和广度，但普通民众能够对本地警察执法系统进行有效的管理和监控。在美国，警察的权力在范围和广度上是有限制的，所以执法机构和政府行政机构没有太多的权力。除此以外，警察机构执法受到地域限制，其最大的权力范围也仅限于地方管辖区。例如，在一个仅有500人的小镇，警察可以依照联邦法律、州法律或者地方法律逮捕一个人，但在这一平方英里之内可以，出了这个范围就可能不一样了。美国民众和政客们希望对执法有更多的管控权，法律给予民众更多的权利，通过他们的政客和代表，如市长、市议会成员、地方治安长官等，实现对警察执法的监控。

另外一个优势是，这种权力分散的美国执法体系是更容易管理，同时也兼具效率，至少在地方层面是这样的。例如，警察抱怨与工作相关的手续繁琐琐和程序复杂，如果什么事情都必须上报或者经过华盛顿特区的审查，那么这种分散式的执法体系可以减少投诉和抱怨，并行之有效。此外，非中央集权还有一个好处就是，可以对比分析并学习众多的州际、地方执法机构中的优缺点和最佳实践案例，用来取长补短。

二、分散式警察体系的主要缺点

虽然分散式的执法结构有很多很明显的优点，但是也有不能忽视的缺点，主要包括：

（一）执法质量参差不齐

分散式的执法体系导致各州、各地、各社区的执法服务质量参差不齐，有所不同。例如，富人社区的警察执法服务一般比穷人区的要好、要专业。长期以来，这种公共服务的差距导致了很多人对联邦制度体系的不满。

（二）缺乏有效统一的监督管理

联邦政府缺少调节州际和地方政府的公共政策监管措施。例如，如果联邦政府决定制定一个值得全国推广的社区警务模式，但是能够确保其有效实施的国家政策和手段非常有限。通常，联邦政府可以通过提供联邦资助和专业培训来引导或者影响地方政府的行为。

（三）影响统一协调的执法行动

执法权分散化会导致对部分公共安全问题应对的脱节和反应能力的缺失，如盗窃抢劫等犯罪行为发生在市区或者任意一个郊区时，由于每个郊区都有自己的警察局和调查机构，每个执法机构都有自己的信息库，如果各个执法机构之间不能共享、沟通、操作多方面的信息，执法管辖区就会因信息不足、重叠管理，导致信息断裂。

（四）不同警察机构之间的不合作

执法权分散化会导致众多执法机构之间存在各种竞争，故意不合作或者不够配合。每个地区的警察文化都有所不同，也会导致他们互相质疑对方的警察文化。

第二节 制度性的歧视

在美国有句玩笑说：警察对黑人的歧视跟警察存在的时间一样长久。在美国成立之初，就存在白人至上的理念，黑人被认为是二等公民。虽然开国元老一直主张要“全民自由、解放和公正”，但是这些是为了白人。这种种族上的极度分裂导致在警务执法上的不公平。对白人，警察的任务是保护和服务。对黑人，警察的任务是执法和命令。在早期，警察一直认为维护社区安全最有效的办法就是对黑人聚集居住地采取严厉的巡逻。

图 9-1 全副武装的警察和黑人在街头对峙

在过去的100多年里，虽然民权运动和警务改革在很大程度上缓解了美国警察系统内存在的针对黑人的种族歧视，但是，警察和黑人群体的紧张关系和执法上对黑人的不公平仍然存在，如警察对普通民众的暴乱事件中有75%是针对黑人的，涉及白人的只有20%。对于绝大多数的黑人来说，警察往往很快使用致命武器，使用概率非常高，然而对于白人，警察只有在必要的时候才使用致命武器。

密苏里州圣路易斯市的弗格森警察局就是一个非常有代表性的例子。弗格森是圣路易斯县的一个城市。美国2010年的人口统计数据显示，弗格森大约有21000名居民。在过去的几十年里，该市的人口总数基本保持不变，但是不同种族的人口分布发生了重大的变化。1990年，74%的人口是白人，黑人占25%；到了2000年，非裔黑人成为多数民族，占总人口的52%；到2010年，黑人占据总人口的67%，白人只占29%。根据2009年至2013年的美国社区调查，该市25%的居民生活在贫困线以下。弗格森的警务执法对非裔黑人的影响非常大。弗格森警察局2010年至2014年的数据统计显示，黑人占据警察截停车辆的85%，占罚单总数的90%，占逮捕人数的93%，尽管黑人人口只占67%。黑人车辆被警察搜查的概率是白人的两倍，黑人被开罚单的概率比白人高很多，并且经常会被开多张罚单。例如，弗格森警察局一年内有73次给黑人同时开了4张以上的罚单，但是这样的事情发生在白人身上只有2次。而且，警察经常针对黑人开具特别的罚单，如在2011年至2013年，95%的走路姿势怪异的罚单给了黑人，94%的抗拒执法的罚单给了黑人。市法院对黑人也有特别的歧视，黑人的案件被退回的概率比白人低68%，并且案件审理的时间要长很多；黑人被起诉逮捕的概率比白人要高50%，占据弗格森所有逮捕案件的92%。下面是2014年至2016年发生的非常有代表性的警察针对黑人的暴力事件。

1. 塞缪尔·杜伯斯（43岁）。田希是辛辛那提大学的校园警察，因2015年7月枪击杜伯斯，使其当场身亡而被起诉。当时情况是，手无寸铁的杜伯斯将车停到了校园内禁止停车的地方，田希将警车停在杜伯斯旁边是因其违法停车并缺少车牌。田希的代理律师说，田希的执法记录仪中可以看到他曾多次要求杜伯斯下车，并出示驾驶证，但是杜伯斯一直拒绝下车，并试图驾驶车辆离开，田希也是出于自卫怕被车拖走而开枪将杜伯斯当场击毙。

2. 布瑞登·格伦（29岁）。洛杉矶警察局局长查理贝克收到了对克利福德警官的刑事指控，他从背后对一名手无寸铁的黑人男性格伦开枪，导致其当场死亡。克利福德警官告诉探员他看见格伦的手伸进了他搭档装枪的皮套里。但是洛杉矶警察局的报告中描述的是，通过距离案发现场很近的酒吧监控录像中看到，格伦的手并没有在枪套附近，与开枪警官描述不符。这场发生在2015年5月的枪击案件激起了民众的愤怒，导致游行发生。贝克局长也是第一次建议指控这名开枪警官，探员通过调查也说格伦在警官开枪时，试图推开警官。

3. 弗雷迪·格雷（25岁）。巴尔的摩的六名警官被指控在2015年4月对黑人弗雷迪·格雷从不当行为到二级谋杀。黑人格雷脖子断了，死在警用运输车的后车厢里，他一直被手铐和脚镣禁锢着，但警员却没有给他系上安全带，导致他死亡，引发巴尔的摩骚乱。这也是第一起被指控为过失杀人的审判，漫长的审判于12月结束，法官释放了其中两名警官，巴尔的摩市支付格雷家庭640万美元以解决民事索赔。

4. 娜塔莎·麦克娜（37岁）。37岁的麦克娜在手脚都被手铐和脚镣锁着的情况下，被电击枪击中四次，最后死亡。她一直患有精神疾病，于2015年3月被关押在监狱，并于次年2月8日被电击枪击中而死亡。

5. 克里斯汀·泰勒（19岁）。手无寸铁的19岁黑人男孩泰勒是安吉洛国立大学足球队的一名成员，由于被一名得克萨斯州阿灵顿市的汽车经销商怀疑盗窃，而被警官布莱德·米勒枪杀。警察局局长说米勒追捕枪杀泰勒并没有接到上级的指示，只是接到经销商的电话，因此准备解雇米勒；大众陪审团同样也决定不起诉米勒，因为在泰勒的尸体鉴定中他们发现，在死亡前泰勒服用了迷幻药和大麻。

6. 麦克·布朗（18岁）。2014年8月9日，布朗，一个仅仅18岁的青少年，被一名白人警官在密苏里州的弗格森枪杀，原因是布朗在一个便利店偷了一只雪茄。这场枪杀导致了全美国的骚乱尤其是弗格森，甚至使国民护卫队进驻，也使人们开始关注美国执法体系中的一些种族歧视问题。枪杀布朗的白人警官达伦威尔在报告中说，他收到了布朗抢劫的通知后，遇到布朗和他的朋友，他用警车挡住两人，就发生了后面的事情。当时布朗已经停止逃跑并面对警官，而达伦威尔依旧面向他开了数枪，导致其死亡。但是2014年11月24日，大众陪审团决定不起诉达伦威尔，认为他是由于自卫而枪杀布朗。

7. 埃里克·加纳（43岁）。2014年7月，纽约几名警察在史丹顿岛执行公务时，怀疑43岁的黑人小贩埃里克·加纳出售未缴税香烟，在抓捕过程中，一名警察用胳膊紧紧勒住加纳的脖子，加纳身体肥胖并患有哮喘病，不断说“我无法呼吸”，后来便失去知觉。加纳被送到医院后，医生宣布其因心脏病发作死亡。纽约警方不承认责任，但承认加纳的死亡是一起悲剧并且对纽约和美国产生了非常大的影响。最终，警察免予起诉。

由以上案例分析可以得出，美国警察体系内的制度性歧视主要体现在以下三个方面：

一、涉及凶杀的警官很少被跟踪调查

美国联邦政府总是试图让警察局去追踪有关的杀人案件，因此一些涉及枪杀案件的警员很少被追踪调查，这在很多警察局都存在这种情况。这种问题出现的根源在于缺乏中央集权管理下的警察体系，联邦调查局每年公布杀人案件死亡报告，这份报告中包含警察杀人的数据，但是他们知道这个数据并不真实和全面，因为掩盖了很多数据。联邦调查局鼓励每个警察局不管警员涉及的枪击事件公正与否，都要真实的上报数据，但事实上在全国范围内仅有小部分警察局可以做到，很大一部分警察局仅仅上报能体现他们公正执法，不存在任何异议的杀人案件。这种现象导致每年联邦调查局公布的数据仅有几百起或上千起，但实际真实的数字要庞大许多，更导致国家对警务工作不能进行正确客观的分析和比对。

二、起诉一名警官几乎没有可能性

射杀黑人青年布朗案件的白人警察被大众陪审团判决免予起诉，很多人非常愤怒。之后不久，伤害埃里克加纳的警察同样也是免予起诉，民众认为埃里克加纳案件的起因经过非常明晰，不应该被免予起诉。然而，普通民众并不了解中间的过程以及如何判决，而且也并不清楚警察在执行公务过程中到底有多大的自由裁量权。警察往往同地方检察官合作执行日常工作，这并不意味着地方检察官对行为的判定绝不带有偏见或者腐败行为，如果他们知道被指控的人很难对付，可能会缺少同情。更糟的是，大多数普通民众坐在大众陪审团的席位上，给予警察的则是更多的同情和偏向。当大众陪审团开始审问，判断依据不能仅仅依靠网络上的内容，也不能仅仅依靠提供的视频资料去判定被指控人的想法，如埃里克加纳的死亡是不是这个警察的有意为之，如果是，那他的最初意图是什么？还有很多具体并且涉及法律和技术的问题需要回答，以判断起诉是否公正有效。这些问题必须在进入最高法院之前解决，最为重要的是分析警察的行为是否客观公正或者可以被理解，陪审团也要考虑警察的行为举止是否符合当时的情况，总而言之，这种体系很难使警察在履行职责时发生过失而被起诉。

正如上文讨论的，民众可以了解警察部门如何运作，无论是州和州之间，还是城镇与城镇之间。若再次回顾埃里克的死亡案件，如果没有起诉警察就很难平众，因为民众认为警察必须负有责任，至少在这个过程中，他加速了埃里克加纳的死亡。通过法医的鉴定，认为埃里克的死亡是由于自身的健康程度不佳，这种判定导致媒体开始讨论警察的做法是否妥当。

三、内部惩罚规则不透明

埃里克案件发生后，出现很多关于警察局规则的讨论，以此来转移民众对案件审判结果的注意力。当地的法律对武器的使用并没有明确的规定，该警察局长官也承认涉案警察的行为并不符合警察局的相关规定。尽管警方承诺会做出内部审核，但涉案警察并没有因为他的行为而被起诉，也没有质疑他的工作方式。这些警察在他所犯的致命错误中所学习到的就是——你可以做你想做的任何事情，你不会有事的。

一个潜在的解决警察暴力和不端行为的方法，就是在和民众互动的过程中，每位警察必须随身携带执法记录仪以此来记录他们的行为举止。这个想法被奥巴马总统认可并大力推广，他认为这样可以制止和界定很多问题。然而这个想法也不缺乏反对者，反对者认为，这样会导致警察为了避免被起诉，在很多类似于埃里克加纳事件的问题上选择回避和不作为。

密苏里州的国会议员和现任的圣路易斯警察协会的长官杰夫，曾经是一名警察，因为保护另一名伪造报告的警察而被解雇。他尝试着引入一条法案，即该法案保护警察的视频信息不被泄露，除非警察被起诉。杰夫不希望执法记录仪成为泄露警察隐私和个人琐事的仪器，也不希望别有用心的警察将这些视频信息带回家中或滥用。总之这种争论在一段时期内，很难找到调和的解答。

第三节　警察队伍的军事化

2014 年 8 月 9 日，弗格森一名白人警察开枪打死了手无寸铁的 18 岁黑人青年布朗，引发当地民众大规模示威活动进而演变为骚乱。国民警卫队和当地警察在控制骚乱的过程中，动用了装甲车和军用运输车，还连续使用烟幕弹和催泪瓦斯对付示威民众，甚至把狙击步枪直接对准示威人群。弗格森事件只是美国警察“军事化”表现的冰山一角。

美国警务的军事化起源于联邦对武器、设备、资金的转移。从 1990 开始，美国国防部就开始大规模地将军事设备向地方执法机构转移，这主要是为了当时对毒品的控制和打击，具体包括 1033 个项目计划。最初在 1989 年由国防部授权法案，并提出了“让正在控制反对毒品的执法机构用上这样的设备”这一口号。1996 年，国会程序实施长期计划，要求在最大范围内使用这些装备来应对反恐活动和禁毒运动。

图 9-2　美国地方警察局使用军事装备进行执法、应对突发事件、防止暴乱

近年来，美国给地方警察局增加了越来越多的军事装备，可以看到更多全副武装的特警人员在街面巡逻，而且他们经常错误地袭击他人。这种错误袭击已经变得很普遍，像噩梦一样缺乏考虑和实施计划，甚至去殴打其他人，或者仅仅因为发送了一个错误的报告，特警突击队会直接冲进一个无辜的家庭，这些搞恶作剧的人们只是为了有趣和好玩，但往往会导致致命的后果。

大多数的特警突击队并不是有意滥用武力、暴力对抗犯罪团伙或者为了救援，但他们也许会为了搜寻毒品突击闯入一个人的家里，难以想象特警突击队在半夜带着军事装备闯入一个寻常人家会造成怎么样的后果。然而，我们却越来越多地看到特警突击队闯入寻常人家的新闻案例。在一个案例中，突击队突袭居民家时，手榴弹被扔到了一个蹒跚学步的婴儿的床边。这个孩子至今还在医院接受治疗，但是这个突击队却被免予处罚。而事实上，是突击队弄错了地址，这户人家从未涉及毒品和犯罪行为。在另一起案例中，一个手无寸铁的年轻人因为使用了娱乐用途的少量可卡因而被击毙，市政府花费 350 万美元摆平了诉讼问题。因为他们坚信，这种极端的塑造警察权威的方式会让市民服从和害怕，从而树立权威，以预防不良行为的发生。

现在，美国军方和美国警方前所未有的合作模式到来了，这是一种自上而下的全方位的合作模式，包括技术转让、信息共享、军事武器共享等多种方式，主要针对维系国内安全，同样也针对滥用药物、毒品管控，以及预防恐怖袭击。特警突击队就是警方和军方最有效的结合部门，他们交叉训练，并且针对反恐进行训练，用来镇压叛乱。但这种警察军事化的发展趋势会导致警察越来越多的借鉴军方的信条和模式，包括军事语言、军事武器、军事装备、军事技术、军事风格、军事信条以及价值观等。根据美国官方统计，美国亚利桑那州的执法机构有数量惊人的军事武器，高达1033项，包括：

（1）32套爆破系统；

（2）704套夜视设备（如夜视镜）；

（3）712支来复枪；

（4）42套破门工具；

（5）830套监视和侦察设备；

（6）13409套个人防护装备（PPE）和防护服

（7）120辆工具车；

（8）64辆装甲车；

（9）4套GPS定位设备；

（10）17架直升机；

（11）21211个其他类型的军事装备。

美国警务体系的军事化超出日常警务所需，变得非常有攻击性、破坏性和危险性。过去十几年里，联邦政府开始给各州政府以及地方执法机构配备军事化武器和车辆，同时以预防毒品交易为由来进行军事化训练。这种军事化训练会导致平民和警察的矛盾升级，同时也加剧了很多不必要的暴力危险出现，让公民的个人财产受到危害，同时破坏了公民的自由。美国警务的军事化的危害一直存在话语缺失和缺少监管等问题。

军事化的训练和警务文化同样也是特警突击队必须接受的培训之一，他们被培训得要像士兵一样思考、行动。美国公民自由联盟（ACLU）要求各地的执法机构呈递特警突击队的培训资料和培训计划。密苏里州的法明顿是一个经典案例，他们成立了一个突发事件特变反应小组，由两名高级警官主持负责，并呈递报告。其中在给执法国际协会的报告中写道：伊斯兰恐怖分子会让我们美国的学校血流成河，但是我们警察的主要工作并不是处理这些，我们处理的是一些犯罪行为，我们有法律法规，不能依靠军事力量去处理这些事情。而且美国军方也不是预防国内恐怖袭击的唯一力量，根据法律，我们警方有特种部队，我们的4D计划曾经阻止了恐怖分子对学校孩子们的伤害，我们应该建立自己的思维模式。

图 9-3　全副武装的警察在街头和抗议人员对峙的场景

国防部操控着“1033 计划”，这项计划共花费了 43 亿美元，涉及 17000 个联邦、州以及各地的执法部门，各级的军事装备力量都有明显的增加。计划的口号是“设备一定要充足，哪怕过剩”，因此 36%的设备都是全新的。近年来，不断被调查的机构有阿肯色州的北小石城等，警方获得了至少 34 支全自动或者半自动的来复枪，2 个在阿富汗战争中使用过的机器人，一些陆战部队使用的头盔，如佛罗里达州海湾县使用的曼巴战术车，军事化的来复枪，实用的卡车，还有大量 M-16 步枪、狙击枪、冲锋枪和弹道盾牌等，但这些装备无法确定是否来源于“1033 计划”，也许来源于联邦，或者其他项目。

不仅如此，国防部对现有活动的花费和资助也一直在稳步增长。1988 年美国政府花费了 306 亿美元用于军事项目，到 2010 年，这个数字已经攀升到 698 亿美元。这种互动关系的不断扩大和深入，使警方和军队都受到激励和鼓励，双方都从中间受益。例如，军方可以借此不断扩大权力，增加预算，同时扩编人员，不断对国内警方活动施加影响。此外还可以向警方提供培训、武器或者其他方面的资源。军方的力量不断增强了他们在各种执法机构的影响力以及对执法人员的影响，同样也扩展了自己的业务范围，获得了更多的资金和人员。但是这个过程的另外一个结果就是模糊了军队和警察的区别，同时弱化国内曾经的执法方向。